中国「戦狼外交」と闘う

山上信吾

文春新書

1444

序　豪州人の対中認識の目を覚ます

送別

二〇二〇年十一月、駐豪大使として発令を受けて間もない頃、送別ランチに招待されて東京三田のオーストラリア大使公邸に赴いた。

かつての華族、蜂須賀家の屋敷跡とされ、風格と趣、そして広大なスケールを有する庭が自慢だ。東京の一等地にあまたある各国大使の公邸の中でも、屈指の環境。その美しい庭園を愛でつつ食前酒の豪州産スパークリング・ワインを共に堪能していた際、突如ホスト側から問われた。

「アンバサダーヤマガミ、なぜ日本はオーストラリアより遥かにうまく中国とやっているのですか」

一瞬、耳を疑った。中国海警局の巡視船が恒常的に尖閣諸島周辺の日本の接続水域に進出、しばしば領海侵入まで企てているのは、東京に駐在している各国の外交官にとっては周知の事実だ。外交常識や国際標準に照らせば、際だって挑発的な行動をしかけてきている。しかも、目を海から空に転じれば、日本列島には人民解放軍の戦闘機が接近するのは常態だ。何と平均して一日二回もの割合で、航空自衛隊がスクランブルをかけざるを得ない状況。加えて、何人もの日本人ビジネスマンがスパイ容疑で中国国内に拘束されたままでいる。

二〇二二年十二月に作成された新たな国家安全保障戦略が明記するとおり、中国の外交姿勢と軍事力増強は日本にとって最大の戦略的挑戦なのだ。

にもかかわらず、くだんの豪州外交官は「日本の方がうまくやっている」と言う。同時に、これからキャンベラに赴任する新任の大使を相手にしての問いかけなので、何かを期待しての「悪魔の誘いか」と思った。その後、豪州赴任後にも、何人もの豪州人から同じ質問を受ける端緒となった。

どういうことなのか？

このような発言の背景には、幾つかの要因がある。

ひとつは、豪州が過去数年間にわたって晒されてきた中国による経済的威圧が、異様なほど広範で厳しいことだ。二〇一〇年の日本に対するレア・アースの輸出制限に始まって、ノルウェーのサーモン、フィリピンのバナナ、カナダのカノーラ（菜種）、韓国への団体観光客等、中国の不当な経済的威圧によって貿易や往来が制限されてきた「狙い撃ち」事例には事欠かない。しかしながら、今般のオーストラリアほど、様々な品目にわたって、しかも長期間、貿易制限措置に晒されてきた国はない。その苛烈さに、南半球にあって戦略的競争に慣れてこなかった豪州人が戸惑うのも無理はなかった。

もうひとつは、5Gからのファーウェイ（中国華為技術）社排除の推進、コロナ禍の原因の国際調査要求など、豪州のスコット・モリソン政権（当時）が対中強硬姿勢を声高に宣明したことに対しての批判が豪州国内にはある。特に、外交当局関係者や労働党関係者の間では、そうした批判が根強い。「メガホン外交は豪州の国益に資さない」との主張が典型例である。

だからこそ、自国政府の対中政策に対する批判の裏返しとして、「日本はうまくやっている」と振れることとなる。下手に同意すれば、「日本大使も批判している」としてモリソン政権批判に使われることは必至だ。したがって、日本大使としてこうした議論に安易に与《くみ》するわけにはいかない。ましてや、相手の発言を額面どおり受け止め、豪中関係に比して日中関係は上手くいっているなどと鼻の下を長くするなど論外だ。むしろ、対中外交最前線にある日本が直面している挑戦を過小評価しているとして戒めるべき筋合いなのである。

そこで、ひとこと言っておいた。

「That is bullshit!」

豪州人がよく使う表現でもある。

字義どおりに訳せば、「牛の糞」、要は、「たわけたことを言うな」だ。外交官が公の場で口にするには上品な言葉ではないが、相手の目を覚ますには最適の言葉でもあった。

手厳しく反論されたと感じたのだろうか、質問した女性外交官は呆気にとられ、赤面した。

だが、こうした場面は、私の豪州着任後、何度も繰り返されることとなる。

それだけではなかった。「中国問題に口出しするな」とまで露骨に牽制されたのは一度で済まなかった。圧力に耐え忍ぶ豪州にエールを送ろうとすれば、中国大使館の戦狼たちから「暴言」となじられ、「適切に仕事をしていない」とまで批判された。のみならず、歴史カードを振りかざされ、「日本大使は歴史を知らない」とまで「説諭」された。そんな挑発に接しても、決して口をつぐむことなく、かつ、相手と同じレベルに引きずりおろされて口角泡を飛ばすことなく、理路整然と時にユーモアを交えて反論し、豪州社会の理解と共感を得ていく。これが私の駐豪大使生活の基調となった。

中国の猛烈な反発に遭い、車のヘッドライトに照らされたカンガルーのように立ち尽くしてしまう豪州人が一部にいたことは事実だ。そうした中で、ヘナヘナと原則なき妥協に走ることは豪州にとってのみならず、日本の国益、更にはインド太平洋地域の秩序作りにとって最悪である。

そうした事態の展開を防いでいくために、必要な突っかい棒を打っていく。何よりも、日本の対中認識を冷静に説得力ある形で説明し、日豪の足並みを合わせていく。私の豪州での奮戦記の始まりだった。

◎目次　中国「戦狼外交」と闘う

第1章　戦狼外交とは何か

日本の贖罪・謝罪外交から中国の戦狼外交へ

戦後、とりわけ一九七二年の国交正常化以降の日中関係の変遷は特異で奇妙なものだった。

一九七〇年代、日本政府に台湾との外交関係を断念させて日中国交正常化を実現した中国外交官が異口同音に発した合言葉は、「日中友好」。これは日本側にも伝播し、大東亜戦争（筆者注：「太平洋戦争」とは呼称しない。当時の日本政府が採用した名称であるとともに、戦争の本質が中国を巡るものであったことを考えると、大東亜戦争の方が適切と考えるからである）の最中や戦争前の行為に対する贖罪意識に捉われた政治家、財界人、官僚の間だけにとどまらず、マスコミ、言論界を含めて広く日本社会でも暫くの間「日中友好」ムードが世の中を席巻していくこととなった。

私は、外務省にあってはいわゆる中国（チャイナ）スクールではなく、米国ニューヨークのコロンビア大学大学院で研修したアメリカンスクールだった。だが、一九九〇年代後半には中国課の首席事務官を務めたことがある。日中関係を所掌する中国課が中国語研修のチャイナスクールだけに偏ってはならないとの昔からの配慮で、課長に次ぐ首席事務官にはチャイナスクール以外の者が就くことが多い。私もその一例だった。そして、一九九八年夏、中国課勤務を終えた後に香港の総領事館に派遣され、さらに二年間にわたってナンバー3の総務部長ポストを務めることとなった。

外務省のいかなる課でもそうだが、中国課にあっても首席事務官はほぼすべての決裁文書に目を通し、精査して決裁する役回りだ。当時、チャイナスクールの担当官が起案して首席事務官の決裁を求めて上がってくる総理や外務大臣の発言要領の中に、「日中友好」というセリフが何と多く盛り込まれていたことか！　その適否について何ら議論することもなく、いわば条件反射的に使われていたのだ。日米関係に携わる外務官僚が「日米安保堅持」を言い募る性癖を想起させられた。むろん、文脈やその当否に照らし、似て非なる実態だが、呪文のように繰り返す有様には心底驚いた。まさに、思考停止そのものだった。

あれから、ほぼ四半世紀。状況は大きく変わった。時代が音を立てて変わったと言って過言ではないだろう。その最たるものが戦狼外交なのだ。

福島処理水を巡る中国の容喙《ようかい》

今、外交慣例ではおよそ理解できない異様なことが起きている。二〇二三年八月に始まった東京電力福島第一原発での処理水の海洋放出に対する中国政府の執拗な問題提起だ。国際原子力機関（ＩＡＥＡ）の理解と協力を得て、「科学的に安全」との専門家のお墨付きも得られているにも拘らず、国際社会にあって中国政府が公の場で先頭に立って繰り返し、かつ、声高に、「汚染水を海洋放出する日本は無責任」だとキャンペーンを張っているのである。国際社会、とりわけ北朝鮮や太平洋の島嶼国に対して同調するよう働きかけているのも明白だ。

元はと言えば、この問題は、未曾有の被害と犠牲が発生した東日本大震災に遡る。震災直後に寄せられた国際社会からの温かい数々の支援、とりわけ台湾からの義捐金の額が突出していたことは多くの日本人の記憶に鮮明だ。

あれから苦節十余年。福島を始めとする被災地の人々の血のにじむような努力、国内外の同情と支援があって復興は相当程度進んできた。その復興をさらに前に進める大きな一里塚としての処理水海洋放出なのである。

翻って地震被害は中国にもある。二〇〇八年に四川省で発生した大地震のいたましい惨禍とその際の日本始め国際社会の支援は記憶に新しいところだ。

かつて「日中友好」を繰り返しお経のように唱えていた中国政府であれば、そうした日本の事情に対する温かい理解と他国に率先したモラル・サポートを期待してもよさそうなものだ。しかしながら、極めて残念なことには、事態は全く正反対のベクトルで動いてきた。

東北だけではなく、日本全国の飲食店やホテルなどに寄せられてきた中国からの心ない嫌がらせ電話が一例だ。だが、問題はそれだけではない。日本事情と日本人の心情に最も通じている筈の日本に駐在する中国の外交官自らが先頭に立って処理水放出を取り上げ、悪しざまに批判を重ねているのである。何たることだろう。

典型例は、大阪総領事の薛剣《せつけん》だ。

二〇二三年八月十日には関西プレスクラブで講演し、処理水放出に関して、「本当に安全ならなぜ飲用水や灌漑水に使わないのか」とまで述べて批判したのである。のみならず、七月に公表され、処理水の放出は「国際的な安全基準に合致する」としたＩＡＥＡの包括報告書にも噛みついた。薛は「報告書は海洋放出の許可証ではない」とし、「もし安全でないなら全人類の健康を脅かす」とまで滔々と論じたのである。

誰しもが、世界各地で膨大な数の罹患者、死者を出すこととなったＳＡＲＳやコロナの発生地を覚えている。そうした大抵の日本人にとっては、まさに噴飯物の主張だ。神経を逆なですると言っても過言ではないだろう。

「そのお言葉。熨斗《のし》をつけて貴方にお返しします」と言いたくなるのが人情だ。

事態の異様さは、日本との関係を重んじるべき立場、そして日本の事情や立場について本国関係者の理解を促進し、日中関係の摩擦要因を取り除くよう努力すべき立場にいる大阪の中国総領事が先頭に立って挑発的な批判を展開していることだ。外交官の立ち居振る舞いとしてこれを異様と言わずして何を異様と言うのだろうか？

外交官が任国との関係を気にかけることなく、本国の方ばかりを見て「これだけやっています。これだけ言っています」と声を振り絞るかのように喧伝して回る醜態。これが戦狼外交のまごうかたない一断面なのだ。「日中友好」は遠くなりにけり、の感慨を禁じ得ない。

語源は人気映画

「なぜ狼なのか？　あの国はドラゴン（竜）ではないのか」という指摘もあるかもしれない。

二〇一七年に製作された中国映画に「戦狼　ウルフ・オブ・ウォー」がある。二〇一五年に作られた「ウルフ・オブ・ウォー　ネイビー・シールズ傭兵部隊 vs. ＰＬＡ特殊部隊」の続編だ。ウー・ジン監督・主演のアクション映画で、中国映画史上、歴代興行収入第一位を記録した超人気映画なのだ。

数年前になるが、私も海外出張の際に機内映画で見てみた。一言で言えば、中国版のランボー映画。舞台はアフリカ。人民解放軍特殊部隊「戦狼」の元隊員である主人公がアフリカの某国で発生した内乱の際に、縦横無尽の活躍をし、在留中国人、現地人を助けるだけでなく、反乱軍の鎮圧にも一役買うという設定だ。

ハリウッドのスタッフを招聘して製作したと言われているせいか、シルベスター・スタローン主演の元祖ランボー映画ばりの派手なアクションとテンポの良さが売り物だ。破天荒な設定に目をつぶれば、それなりに楽しめる。中国語で「美国」と称されるアメリカへの憧憬と、そうしたアメリカに取って代わりたいとの渇望、怨嗟さえ感じられると評したら穿《うが》ち過ぎだろうか。

そんなたわいない娯楽映画だったが、鼻白んだシーンにも事欠かなかった。

例えば、映画の中で、中国は国連安全保障理事会の常任理事国（Ｐ５）であり、そうした中国の協力を得なければならないといったセリフを反乱軍の将軍に言わせていること。

もう一つは、軽いノリではあったが、中国人男性がアフリカ人女性にモテモテとの描写がされていたことだ。かつての軍歌で、髭を剃った日本軍人に、「満州娘も一目ぼれ」とあっけらかんと歌いあげた一節を思い出し、苦笑せざるを得なかった。

レトリックの背後にある行動と実態

ここまで述べてきた上で断っておきたいことがある。それは、「戦狼外交」を捉えるに当たり、単に勇ましいレトリックや高圧的なスタイルとだけみなすのは上っ面であり、物事の本質を見誤るという点だ。

背景にある本質とは、経済力、軍事力を始めとする中国の国力の目覚ましい向上と、過去の屈辱を忘れない中国人がそこから得ている雪辱の思い（ルサンチマン）と抑えがたい自信だからである。

そうした中でも、長年にわたって近隣国のみならず国際社会の耳目を集めてきた中国の軍事力の増強は、戦狼を戦狼たらしめている最たる基盤として見逃せない。

公表されている数値だけとっても、一九九二年度以来の三〇年間で三九倍に増えたとされる国防費。

そして、実際の行動を見ても、インドとの国境紛争は恒常的であり、死傷者の発生も珍しくない。

南シナ海では、領有権や海洋境界の確定を巡って他の沿岸諸国と紛争を抱えているにも拘らず、いくつもの島嶼を相次いで軍事要塞化し、高圧的な海洋取締りを繰り返してきた。中国が海洋権益を主張する際の根拠、いわゆる九段線が国際法に照らして如何に常軌を逸した野放図なものであるかは、二〇一六年の仲裁裁判の裁定を始めとして夙《つと》に指摘されてきたことである。

さらに、東シナ海から西太平洋にかけての人民解放軍による活発な活動。単に尖閣諸島の近海や台湾周辺だけではないのだ。尖閣諸島沖合を経て宮古水道を通って西太平洋に進出するルートを確立。そして沖縄本島だけでなくグアムの米軍も射程に収めた演習や訓練に精を出していることは、インテリジェンスに携わる関係者の常識でもある。

こうした一連の攻撃的な対外姿勢と軍事力の増強こそが、インド太平洋地域の戦略環境を年々厳しく深刻なものにしているのだ。

事は純粋に軍事的な行動に止まらない。目を経済分野に転じれば、貿易を政治的目的のために用いる「経済的威圧」に事欠かない。

最初に標的とされた被害国は日本だった。二〇一〇年に尖閣諸島周辺で日本の海上保安庁の巡視艇に明らかに意図的に衝突を重ねた中国漁船の船長が日本側に拘束された。これに激高した中国政府はレア・アースの対日輸出を制限。レア・アースの供給の九割近くを中国に依存していた関係者に大きな激震が走ったことは記憶に新しい。

貿易ルールとの関係を言えば、ここまであからさまなWTO（世界貿易機関）協定違反の措置は異例だ。そこで日本政府は米国、EUと連携しつつWTOに提訴（紛争解決手続きに付託）した。その結果、中国側措置のWTO協定違反が認定され、中国は当該措置を撤廃した。にもかかわらず、その後、中国は政治問題が生じるたびに貿易相手国に同様の経済的措置を繰り返しとってきているのだ。

そして、台湾。

増大する国力を背景に台湾統一を念願とする中国が台湾当局に及ぼす言説（ナラティブ）と圧力は益々強まっている。

周辺海域、空域で頻繁に行われる演習、訓練が最たるものだ。ナンシー・ペロシ米国下院議長の台湾訪問に抗議した中国によるミサイル発射演習では、史上初めて中国のミサイルが日本の排他的経済水域に撃ち込まれるという極めて挑発的、威嚇的な行動がとられた。

北朝鮮のミサイルだけではない、今や中国のミサイルも、という話なのだ。

この新たな展開が有する戦略的に重大な意味合い、そして日本が取るべき対応は、それ自体が大きな問題であり、機会を改めて十分に検証、議論すべきこととしたい。

だが、この際一つだけ明確に述べておきたいことがある。

前述の戦狼外交の背景にある要因や一連の流れをまずしっかりと認識しておく必要がある。その上で、米国政府の一員ではなく立法府の一員である下院議長の訪台は、中国が主張する「ひとつの中国」に反しているものではないし、過去に行われた前例もある。そうした議会人の台湾訪問に抗議して明らかにバランスを失したミサイル発射という過剰反応を行った。そして、これらのミサイルで台湾だけではなく日本の水域をも狙ってきた。こうした事態は何を意味するのか、ということだ。

台湾情勢の今後のあり得べき展開を考えれば、台湾のみならず我が国に対する実に露骨で重大な牽制であり、軍事的威圧そのものなのである。

このような問題の深刻な意味合いを踏まえれば、日本政府から中国政府に対する抗議は厳重で毅然としたものでなければならなかったはずだ。しかるに当時の外務省は、外務次官レベルで森健良が駐日中国大使の孔鉉佑《こうげんゆう》に対して電話で話をするだけで済ませてしまった。何とも腰が引けた対応だった。外交慣例と国際的相場観に照らせば、当たり前のことながら外務省に中国大使を呼びつけ、厳正に批判、申入れをすべきだった。それなのに、さしたる理由の説明もないまま、やるべきことを怠ってしまったのだ。まさに、思考停止、怯懦《きょうだ》としか言いようがない対応だった。こんな体たらくでは戦狼たちから足元を見られてしまう。日の丸を背負う外交官として万死に値する言語道断な振る舞いだった。決して繰り返してはならない。

戦狼外交の本質とは？

レトリックの背後にある物事の動きや実態を踏まえれば、戦狼外交の位置づけが良くわかるだろう。その本質を理解する上で、習近平のブレーンと評され、「中国の夢」を語ってきた中国国防大学教授（上級大佐）の劉明福の言葉ほど、直截なものはない。

劉に言わせれば、毛沢東の「政権は銃口から生まれる」という主張は、中国革命の実践によってその真理がすでに証明されているだけでなく、「平和は銃口から生まれる」は各国の政治家が良く理解している道理であり、「統一は銃口から生まれる」というのも当然のことだとまで喝破しているのだ。

台湾海峡を巡る中台の問題は平和的手段で解決されるべきだとお経のように唱えて済ませてきた識者にとって、誠に衝撃的な発言だろう。

劉の言辞は刺激十分なので、ここに引用しておきたい。

「国家がどのような方法で統一を実現するかは、その国の主権そのものに関わり、その国によって決定されるべきだ。にもかかわらず、この中国内政に関わる問題において、米国はみずからの原則を中国に押しつけている。米国は『軍事的手段ではなく、平和的手段で台湾問題を解決すべきだ。さもなければ、我々が軍事介入する』と主張している。このことは、中国がみずから台湾問題を解決するのではなく、米国が決めた原則やルールに基づいて決めろ、と言っているのに等しい。馬鹿げているにも程がある」

「イデオロギーという戦場で相手に打ち勝つ上で、『論争しない』というやり方は通用しない。是非の問題をめぐっては、論争し、闘争し、攻撃しなければならない」

（以上、劉明福『中国「軍事強国」への夢』文春新書より）

現下の日本、そして国際社会が直面している「戦狼外交」の本質がここに端的に表現されていると言えよう。

消えた外相・秦剛の素顔

中国社会を覆いつつある前記のようなパラダイムシフトの中で、中国の外交官たちがこぞとばかり「私もやっています」と言わんばかりの言動に出てきている。その例は、枚挙にいとまがない。前述の福島第一原発の処理水を巡る大阪総領事の発言は好個の例だろう。

より高位の人間で戦狼外交の先駆的存在とみなされてきたのが、前外相の秦剛《しんごう》だった。二〇二二年秋の共産党大会で中央委員に抜擢され、十二月三十日には最年少で外交部長（外務大臣）に就任した。まさに、若きスターだった。その昇進ぶりが目覚ましかっただけに、公の場から姿を消して解任された凋落ぶりもまた衝撃的だった。

一九九二年に外交部に入った秦剛の名前が知られるようになったのは、中国外交のスポークスマンを務めたからである。二〇〇五年から新聞司（報道局）の副司長、二〇一一年以降は新聞司長（局長級ポスト）を務めた。外交部の記者会見の際に、強面《こわもて》で強硬な発言でたびたび物議を醸してきた姿を覚えている読者も多いだろう。また、他国の首脳や外務大臣を呼び捨てにし、その発言を公の場で痛罵するなど、外交上のプロトコルを逸脱した言動が強烈で異様な印象を与えた。その意味では、忘れがたいインパクトを残した男だ。

外相就任後、最近はまず中国の要人から耳にすることがなかった「日本軍国主義の復活」などという歴史カードを振りかざした批判を一度ならず口にしたのも秦剛だった。歴史カードの政治的利用こそは、戦狼外交官のたしなみであり、イロハのイといえるかもしれない。

林芳正外相（当時）と面談した際、自分よりも年長である日本の外相を見下したようなぞんざいな態度を露骨にとり、メディアの前での写真撮影の際にあからさまな軽侮の表情を浮かべたことに観察眼の鋭い人は気づいたことだろう。秦剛とすれば、温和でおとなしく、中国人の目に弱々しく映る日本の外相を踏み台にすることによって、中国国内に向けてアピールしたいとの思惑があったに違いない。

その秦剛は二〇一〇年から一年強の間、駐英大使館のナンバー2ポスト（次席公使）に就いていた。二〇〇九年からほぼ三年間ロンドンの日本大使館に政務担当公使として駐在していた私は、秦剛と昼食で同席したことがある。

駐英ドイツ大使館の次席公使が主催した、ハイドパーク沿いの瀟洒なドイツ公使公邸でのランチだった。当日は欧州主要国（英仏独）と東アジア主要国（日中韓）の大使館次席クラス六人が集まった。英外務省からは当時極東担当部長であったジュリア・ロングボトム（現在の駐日大使）が出席していた。

尖閣諸島問題や歴史問題を巡って、東アジアの主要国間の外交関係が緊張し、摩擦が尽きない時節だったからだろう。欧州勢からの「忠告」が続いた。

「欧州にも戦争の傷跡、歴史問題はあったが、それらを乗り越えて独仏和解、EU創設を達成した」

「東アジアも同様にできるのではないか」

アジアの実情や関係国の内政力学に疎いナイーブな議論だった。上から目線と形容されても仕方ないような、いささかお節介なアドバイスが続いた。その後の欧州を混乱させたブレグジット騒動にかんがみれば、何とも皮肉なやりとりでもあった。

そんな中、独仏英といった西欧諸国と違って日中韓が民主主義、人権、法の支配、市場経済といった基本的価値を共有するには至っていないこと等、説明したのは私だった。中国を同じ土俵において論じることの無定見を理解させるため、ある評論家の発言を引用しながら、欧州におけるロシアとアジアにおける中国とを敢えて対比するアングルまで提示してみせた。

興味深かったのは、その際の秦剛の反応だった。

何ら反論することもなく、寡黙な姿勢を保っていた。外交部のスポークスマンとしてたびたび露わにしてきた好戦的なまでの姿勢はそこにはなかった。基本的には聞き役に回り、受け身一辺倒。自らの知見を開陳して議論の深まりに貢献することもなかった。

中国国内の要路に「見られている」ときの言動と、「見られていない」ときの言動で大いに差がある人物ではないかと観察された。こうした印象は、戦狼外交官たちのその後の立ち居振る舞いを見るにつけ、繰り返し裏付けられていくこととなった。

習近平への忠誠心を競い合う

ちなみに、秦剛がロンドンの中国大使館のナンバー2を務めるに先立って駐英大使の任に就いていたのは有名な傅瑩《フーイン》という女性大使だった。英国大使を務める前は豪州大使を務め、流暢な英語を操り、ソフトな語り口ながらも中国の立場を毅然と主張する外交官だった。シルバーフォックスのようなショートカットとその服装により、中国の外交官としては洗練された雰囲気を醸し出すことにうまく成功していた。「優雅」という評価と同時に、「手ごわい」という評価が共に寄せられていた有能な外交官だった。

振り返ってみると、任国の政府相手だけではなく世論にも働きかけなければならないパブリック・ディプロマシーの時代にあっては、中国の外交官として最も効果的に仕事をできるのは、傅瑩のようなタイプの外交官であったろう。しかしながら、秦剛のようなタイプの外交官が短命に終わったにせよ、外交部長にまで上り詰めたところに今の中国の外交官を取り巻く政治的環境、その下での外交官の行動形態が如実に反映されているように受け止めている。

今も印象に残っていることがある。戦狼外交華やかなりし頃、傅瑩による寄稿記事が人民日報に掲載されたのだ。「信頼され、愛され、尊敬される中国になるべき」との趣旨の論評だった。

もともと少数民族出身の傅瑩は大勢の流れに敏感と目されてきた。「信頼され」云々のくだりは、習近平自身が言った言葉でもある。したがって、傅瑩が戦狼外交を批判したと捉えるのは早計だろうし、中国内政の力学を知る多くの人間もそのような見方はしていない。

だが、欧米諸国とのやり取りで揉まれてきた傅瑩だからこそ、戦狼外交に対する欧米の警戒感を肌身で実感し、もたらし得る悪影響を緩和しようと努めた面はないだろうか？彼女のような外交官こそ、今の中国が国際社会で「信頼され、愛され、尊敬される」ような存在とは程遠いことを内心では重々認識しているのではないかと察している。

秦剛に加えて、戦狼外交の担い手としてしばしば言及されてきたもう一人が、趙立堅だ。外交部報道官として、秦剛と同様に数々の強硬な発言を公の場で繰り返してきた趙。その姿は、頑《かたく》なな言辞を発する時の眉間にしわを寄せた厳しい表情と刺すような視線とともに、多くの人の目に焼き付いている。

秦剛の外交部長就任後間もなく、報道官という脚光を浴びるポストにあった趙が国境海洋事務局副局長という目立たない格下のポストに異動となり、中国ウォッチャーの話題と憶測を集めた。

このように見てくると、戦狼外交を巡って外交当事者の間で方針の対立があるというよりも、外交当局幹部が習近平やその体制に自らをアピールしようとしていると受け止めるべきだろう。習の意向を忖度し、忠誠心・忠義心を前面に出して競い合っている図柄が浮かび上がってくるのだ。

外務省のインテリジェンス担当局長として中国の動向を日夜フォローしていた私にとって、年々強まる戦狼外交の姿勢は懸念の的であり、危機感を抱くとともに覚悟を固めることにもなった。しかしながら、豪州という地において、まさか自分がその標的となり、外交最前線で戦狼たちと闘うことになろうとは、到底予想できたことではなかった。

第２章　早速飛んできた牽制球

旧友との再会

二〇二一年一月。キャンベラのハイアット・ホテル。公園のように広がる人工の小都市キャンベラの中心にあり、キャンベラの心臓とも言えるバーリー・グリフィン湖に臨む絶好のロケーションだ。シドニーやメルボルンでよく見かける五つ星ホテルの絢爛豪華さはないものの、地中海風スタイルの建築で、ゆったりとした構え。優雅で趣のある最高級ホテルだ。日本の総理大臣がキャンベラに来訪するたびに泊まる常宿でもある。

そのハイアットのラウンジで、前年の年末に着任し二週間の自宅隔離から明けたばかりの私を最初に歓迎してくれた豪州人が、旧知のデービッド・グラスと情報機関幹部Aだった。

デービッドとは、彼が東京のオーストラリア大使館で政務参事官を務めていた時期に知り合った。機微な問題について口籠もりがちな外交官にしては率直な物言いを好み、安全保障感覚にも富んでいたデービッド。私とは波長が合い、意見交換を重ねてきた。相模湾洋上で行われた海上自衛隊の観艦式で同じ護衛艦に乗り合わせ、青海原を眺めながら日豪の安全保障協力の未来予想図を語り合ったのは、良い思い出だ。

その後、大使館勤務を終えてキャンベラに戻ったが、おそらくは親元の外務貿易省に飽き足らなかったのだろう。国防省に移籍し、数年勤務した後に退官。在韓国のオーストラリア大使館次席公使に任命された外交官である夫人に同行してソウルに赴く直前の忙しい時期だった。

Aは、豪州政府の要職を歴任してきたエリートだ。首相の側近を務めたこともあれば、外交分野での経験も豊富だ。米英双方とも強力なパイプを有する。

かつて、私が出向していた日本国際問題研究所でのラウンド・テーブル討論に参加したこともあり、野上義二理事長（当時）らと胸襟を開いた議論を重ねた。日本の重要性を十二分に理解し、日豪関係の重要性への深い見識と揺るぎない信念を有する同人とのやりとりは、希望に溢れ、温かく、かつ、知的刺激に富むものだった。

ハイアット・ホテルのラウンジでのデービッドらの私へのメッセージは直截だった。ジントニック、続いて白ワイン。グラスを重ね、酔いが増すにつれ、アドバイスもいっそう忌憚ないものとなっていった。

第一に指摘されたのは、一時は中国に相当靡《なび》いていた豪州の対中認識が日本とすり合ってきたという点だった。その功績は、ピーター・ジェニングス豪州戦略政策研究所（AS

PI）所長、ロリー・メドカフ豪州国立大学国家安全保障カレッジ長やジョン・リー米ハドソン研究所主任研究員など、一部のシンクタンカー・学者とインテリジェンス機関にあるとの説明だった。ただし、なおも媚中派は根強く、日豪政府間で不断の摺り合わせが必要であるとして、こう述べた。

「シンゴ、良く豪州に来てくれた。シンゴの役割に大きく期待している」

加えて、貴重な助言が得られた。

「キャンベラは小さな町。良い噂も悪い噂もただちに伝わる。大使として、最初の出だしが肝腎だ」

極めて率直なフレンドリー・アドバイスに恵まれ、何万もの援軍を得た気持ちになった。

その後、折に触れて旧友の助言を拳々服膺《けんけんふくよう》しつつ、また、しばしば彼らと連絡を取って摺り合わせをしつつ、日々の仕事に臨むこととなった。

元駐米大使からの横やり

そうしたメッセージを受け取ったこともあるが、大使としての滑り出しには人一倍気を遣い、細心の注意をして臨んだ。特に、着任後の最初の百日が大事と心得、要人との面談、会食に精力的に取り組み始めた二〇二一年一月末のことだった。

豪州の外交当局である外務貿易省では、一九六九年入省組は俊秀が多いとして、同省内外でもてはやされてきた。「花の一九六九年組」とも呼ばれている。日本では団塊の世代に相当するだろう。

新任の大使として是非会っておくべきと部下の館員から勧められ、一九六九年組の中で最も成功してきたといわれるデニス・リチャードソン元駐米大使とアラン・ギンジェル豪州国際問題研究所（AIIA）会長を大使公邸での夕食に招いた。

リチャードソンは、駐米大使を務めた後には、外務貿易省次官と国防省次官の双方を務めた高官だ。歯に衣着せない発言で知られていた。同時に、政治スタンスとして労働党シンパであることを隠さない人物でもあった。国防次官時代には、豪州北部準州ダーウィン港の中国系企業へのリース契約を、何ら安全保障上の問題はないとして認めた当事者でもあった。

ちなみに、キャンベラ在任中に私が肌身で感じることとなる点だが、豪州政府の高級官僚には政治的に労働党寄りの人間が多い。反対に、保守連合（自由党、国民党）支持者はこれに比べると少なく、目立たない。日本国憲法で公務員の政治的中立を規定している日本から来ると、いささか戸惑うほどだ。その理由を尋ねた私に対して、多くの識者は、そもそも官僚は「大きな政府」を志向する労働党と親和性が高いだけでなく、大学・大学院時代（特に文科系）に左振れの大きい教育を受けたことによる影響が多いと指摘していた。このあたりは、日本にいてはなかなか分からない点だろう。

もう一人のギンジェルは、インテリジェンス分析部門のヘッドを務めたこともある理論派だ。退官後、豪外務貿易省と密接な関係にあるシンクタンクの豪州国際問題研究所の会長に就任していた。豪州で有名なコメディアンを兄弟に持つ異色のバックグランドでもある。（ギンジェルは二〇二三年に逝去。）

要するに、かつて豪外交当局の陽の当たる主流を歩み、退官した今なお意気軒昂で論評活動を続けているベテラン外交官二人との出会いだった。

現役を退官した気安さによるのだろうか。日本大使公邸での夕食に声がかかり、「弟に羨ましがられた」と述べたギンジェルの社交辞令に始まった夕食は、まさに談論風発だった。先輩外交官を迎えた新任大使としては、十分な敬意を払いつつ彼らの知見に熱心に耳を傾けていた。そんな宴もたけなわの頃、リチャードソンが私の目をしかと見据えつつ、驚くべき発言をした。

「最近離任したカルバハウス米国大使は、在任中に中国問題について首を突っ込みすぎた。感心できなかった。貴使は日本の豪州大使だ。日豪関係に専念すべきだ。中国問題に関わるな」

明らかに、かましてきたのだ。余計なことをするなと言わんばかりの、露骨な牽制球だった。いくら私より年長であっても、もう少しものの言い方があろうに、と感じた。同時に、これまでの外交官人生で色々な国に赴任するたびに中国シンパから私が聞かされてきた言説をなぞったようにも聞こえた。今になって振り返ってみると、その後の私の在任中に繰り返されることとなる「牽制」「干渉」の予兆でもあった。

新任の日本大使に対するリチャードソンの「説教」は続いた。ダーウィン港の中国系企業へのリースを厳しく批判し続けていた豪州戦略政策研究所（ＡＳＰＩ）所長のピーター・ジェニングスに言及し、「ジェニングスのＡＳＰＩの罠にはまるな」とまで口出しをしてきた。ジェニングスと私とは、数年来の知己であっただけに、この容喙振りは人間関係についてのインテリジェンスを踏まえなかったのだろうかといぶかしく思った。いずれにせよ、初対面の会合で、ここまで露骨に言ってくることに、いささか当惑する一方、忘れられない印象が残った。

中国大使への表敬訪問

どの任地に赴任しようが、外交官の世界での習わしとして、新任の大使は、既に着任している先任の大使を表敬訪問する慣例がある。もちろん、すべての国の大使を回ることなど不可能なので、キャンベラに着任した私は、外交団長（当時はペルー大使）に加えて、日本や豪州と縁の深い主要国の大使、そして互いの公邸が同じ近所にある大使に絞ることとした。

その一環として、中国大使にも表敬訪問することとした。

ちなみに、人工都市キャンベラでは、諸外国の大使館はほぼ所定の場所に固まって所在している。人口四〇万人の町の中心に位置する小高い丘の上に悠然と構えているのが連邦議会議事堂（パーラメント・ハウス）だ。ここでは上下両院の議事が執り行われるだけではなく、首相や閣僚もこの議事堂の中にオフィスを構え、日常の執務を行う。主要テレビ各局のスタディオまで設置されている。まさに豪州政治の一丁目一番地なのだ。

各国大使館では、この議事堂に近い一等地に英国、カナダ、ニュージーランド、パプアニューギニア、米国、フランス、中国といった豪州と関わりの深い国々の大使館が軒を連ねている。

ちなみに、日本大使館は、そうした一等地からは若干離れた場所に所在する。議会議事堂からやや離れたところを環状に走っているエンパイア・サーキットという名の通りがある。この通り沿いに、日本の他に、ドイツ、イタリアの大使館が所在している。かつて豪州大使を務めていた大先輩から聞かされたところでは、キャンベラで一九五〇年代に大使館用地が各国に割り当てられた際、第二次大戦中の枢軸国（敗戦国）をまとめて近くに配置したと言われている。のみならず、旧敵国である日本やドイツにあてがわれた土地は、必ずしも見晴らしが良くない低地だ。ドイツ大使館を見下ろす小高い丘の上に、ポーランド大使館とギリシャ大使館が配置され、日本大使館を見下ろす位置に韓国大使館とタイ大使館が配置されている。戦争の傷跡がまだまだ生々しかった時代の名残なのだろう。

これも先輩方から聞かされたことだが、このような土地を割り当てられた当時の日本外交官は奮起したそうだ。大使館オフィスに隣接する大使公邸に、海外の日本庭園としては極めて精緻で立派な回遊式の庭園を造りあげることとした由《よし》である。いわば、日本人としての意地と矜持を見せたという逸話だ。そのお陰で、今も毎年の天皇誕生日レセプションは、日本庭園を開放して、六百人もの招客をもてなすことができる。そのため、キャンベラの各国大使館による行事の中では、日本大使館での天皇誕生日レセプションが最も華やかで人気が高い行事となっている。

ぎこちなかった中国大使

さて、肝腎の中国大使館の話に戻ろう。キャンベラの他の建築物とは全く不釣り合いで異様な中国式建築が湖沿いにそびえ立っている。その大使館オフィスビルとほど遠くない土地に、ユーカリの木々に隠れるように大使公邸が立っていた。

吸い込まれるほど真っ青な空がどこまでも高く晴れ上がった南半球の夏の朝、日本大使公用車のレクサスに日の丸の小旗を翻らせて中国大使公邸に乗り付けた。すると、車寄せで停車するやいなや、眼光鋭い警備担当官とおぼしき中国人男性が無言で車のドアを開けた。所作は素早いが、その顔に微笑みは一切なかった。

公邸の玄関を入ると、天井の高い接見室に通された。そこには、ソファーが馬蹄式に配置されていた。北京や上海で見慣れた中国式だ。

普通、着任時の表敬訪問は、社交的話題に終始し、重たい話題を扱うことなど、まずない。そのため、通常は大使同士での一対一の応対となり、ノートテーカー（記録をとる館員）などは同席しない。ところが、中国大使館でだけは、女性書記官が同席してきた。若いにもかかわらず、余裕ありげな笑顔を絶やさず、やけに自信に満ちている。いかにも曲者と見られた。

中国や北朝鮮のような全体主義国家の場合、外交当局での序列とは全く異なる共産党、労働党内の序列がある。大使よりも、部下の館員の方が党内の序列が高いことは珍しくない。同席者の態度を見て、かつて私が条約課長として日朝交渉に従事していた頃の北朝鮮交渉団の陣容を思い出した。あの時も、外交上の序列と朝鮮労働党での序列とが逆転していたことがあったからだ。

成競業《チエンジンイエ》中国大使の方は、新任で初対面の私を迎えて笑顔を浮かべようとしていた。しかしながら、どこかぎこちなく唇がゆがみ、目は笑っていなかった。長年の勤続疲労によるのだろうか、毛髪は薄く、すだれ満月状態。おそらく市井で見かけたら、強い印象は残らないタイプだろう。空中を泳ぐばかりで定まらない視線を見て、かつての日本の総理大臣を思い出した。会話の内容は、人畜無害な挨拶と社交に終始。英語は話したが、流暢というレベルではなかった。

外交官はキャリアの過程で沢山の人間に会う。そのため、知らず知らずのうちに瞬時に人の瀬踏みをする癖がついてしまう。その観点から言えば、この大使からは、特段の能吏との印象も、手強い戦狼との印象も得られなかった。何よりも私の注意を引いたのは、明らかに疲労感が表情にも浮かび上がっていたことだった。同席した若い書記官の生気溢れる溌剌ぶりとの対比が際立っていた。

夕食への招待と峻拒

同時に、今後キャンベラにおいて日本を売り込むに当たっての「商売敵」となることが必至である以上、もう少し相手方を知っておきたいとの気持ちも強くなった。また、中国側と対話する姿勢を持ち、そうした姿勢を中国側のみならず、任国である豪州に対しても印象づけておくことは、決して日本にとっては損にならないとの判断もあった。

そこで、本来であれば、先任の中国大使が新任の私を食事に招くのが通常の外交儀礼なのだが、日中関係の現状に照らしそのような誘いはまず来ないだろうと思い、敢えてこちらから声をかけることとした。最初の表敬訪問が滞りなく終わった後、私の秘書から先方の秘書に対して連絡させ、日本大使公邸での夕食に招待したいと伝えたのだ。

相手の当初の反応は招待を歓迎するとしつつも、戸惑い警戒する様子が滲み出ていた。

「他に誰が呼ばれているのか？　同席者は誰なのか」と質問。

こちらからは、「中国大使が主賓。貴使の出席が決まったところで、貴使にふさわしい同席者を検討したい」と応じた。これ以上はない厚遇であることを伝えようとした次第だ。

その後、何も音沙汰がないままに数週間が過ぎた。そして、漸《ようや》く先方の秘書から私の秘書に連絡が入った。

「残念ながらコロナ対策の観点から、招待には応じかねる」

おそらく本国と相談の上で、コロナ対策を口実に体よく断ってきたのだろう。日本のマスメディアの間では、しばしば「大国」と称される中国外交。だが、実際に外交最前線で接していると、こうしたあしらいを受けるのはしばしばだ。要は、懐が深いわけでは決してなく、大国としての度量を感じることも少ない。むしろ、外交現場では、彼らの狭量と危険回避優先の志向を感じることの方が多い。「中国は大国」「中国人は大人」というステレオタイプに取り憑かれた一部の日本人には良く理解されていない一面でもある。

だが、中国大使への招待が峻拒されたこのやりとりは、やがて彼らなりのフィルターを通して脚色されて公の場で暴露され、私への攻撃材料として使われることとなる。

第3章　いびつな豪中関係の中での始動

「シークレット・シティ」

少し肩の凝らない話をしよう。

豪州赴任に先立って、何人かの豪州人に対し、「オーストラリアという国と国民を理解するために、観ておいたら良い映画やドラマを教えて欲しい」と尋ねたことがある。今までどの在外任地に赴任するに当たっても私が尋ねてきた質問だ。

大衆エンターテイメントの道具であるのは勿論だが、往々にして、その国の人々のものの考え方や社会風潮の有り様を体現している貴重な勉強材料でもあるからだ。

私の質問に対して幾人ものオージー（豪州人）から何作も薦められ、結局そのほとんどを観ることができた。その中で最も深く印象に残った作品の一つが、テレビドラマ「シークレット・シティ」だった。日本では聞いたことも目にしたこともない作品だったので、着任後早速DVDを買ってきた。というのも、字幕を英語にして台詞を確認し、興味深い場面は巻き戻ししながら鑑賞したかったからだ。自分なりに長年かけて編み出してきた英語勉強法でもある。期待以上に面白く、何度も見返した。

原作者の一人は、豪州のテレビ局チャンネル9の看板政治記者だったクリス・ウルマン。

キャンベラに駐在していた本人とは、その後知遇を得て、親交を結ぶこととなった。中国の台頭が提起する挑戦への健全な警戒感を有した、背骨のある保守派ジャーナリストだった。カメラクルーを従えて日本大使公邸にインタビューに来てくれたこともあれば、同僚ジャーナリストを交えて彼の退職記念の夕食会を日本大使公邸で開催した間柄でもある。

そのウルマンが書いたスパイ・ストーリーの舞台は、キャンベラ。中国大使館を拠点として豪州の官民に対して権謀術数の限りを尽くした秘密工作が仕掛けられている模様を非常にリアルに描いた作品だった。制作は、二〇一六年。当時のナマの政治状況を反映しようとしたのだろう、その中には、中国大使館の工作を受けた時の豪州国防大臣が日本のそうりゅう型潜水艦の購入に難色を示すというシーンまであった。当時潜水艦の売り込みを側面的に支援していた私にとっても、自ずと興味をかき立てられる内容だった。

ハリウッド映画ではあり得ない「反中」

この作品を観て感じたことが二つある。

ひとつは、ハリウッド映画ではあり得ない設定とストーリー展開だった。そう、ハリウッド映画では未だに悪者は、圧倒的にロシア人か中東（アラブ人かイラン人）が多い。中国を悪者にすると、一大映画市場である中国で上映できない、或いは人気を集められないという配慮があるからだと聞く。

その点、この「シークレット・シティ」は、キャンベラの中国大使館が「反中」だとして強く反発したほど、中国による陰謀工作を余すところなく描いている。ドラマの中では、中国大使夫人が諜報員であるとともに豪州の国防大臣の愛人となっており、最後は中国当局によって粛清されるといった大胆な設定がされている。このあたりも中国政府関係者を刺激したことは想像に難くない。

二〇一六年という分水嶺

もう一つ関心を引かれたのは、二〇一六年という制作年だ。

率直に言って、この頃までの豪州の対中認識はいささかナイーブだった。

豪州で最も有名なシンクタンクの一つに、シドニーに所在するローウィー研究所がある。ロンドンを始め種々の都市でウエストフィールドというショッピングモールを展開して大成功したユダヤ系ビジネスマン、フランク・ローウィーの資金で設立されたシンクタンクだ。政治的立ち位置としては労働党に近いと見られている。

そのローウィー研究所が毎年行っているのが豪州国内の世論調査。信用度が高く、しばしばマスコミでも引用されているものだ。その世論調査の項目のひとつに、外交的にはきわどいストレートな設問がある。

「アジアにおける豪州のベストフレンドはどの国か」というものだ。

最近に至るトレンドを見てみると、かつては、「ベストフレンド」として日本を挙げる回答者と中国を挙げる回答者とがほぼ全体の三分の一ずつ程で拮抗していた。二〇一六年に至っては、「中国」が「日本」を上回ってトップとなった。

ところが、ここ数年間は日本の圧勝なのである。

一番最近の調査では、四〇パーセントを超える回答者が日本と答え、中国と答える人々は一けた台にまで低下。しかも、日本に次ぐ第二位は中国ではなく、インドとシンガポールが争う展開となっているのだ。

このように見てくると、パブリック・ディプロマシーにおいて豪州の世論を味方に付けることにかけては、ものの見事に戦狼外交は失敗したと言える。換言すれば、貿易上の良きパートナーと認識されてきたかつてのイメージから、安全保障上の脅威と見られるイメージに転換したのだ。まさに、二〇一六年に最高峰に到達した親中感情が、その後はオセロゲームのように逆転したと言えよう。

日豪の政府間協議の場においても、日本側が尖閣諸島周辺での中国海警局船舶による領海侵入、南シナ海の軍事化などを例に出しつつ、中国による現状変更の一方的な試みに対して警戒を呼びかけることが常であった。これに対する豪州側の従来の反応は、日本の説明に耳を傾けながらも、明らかに、「尖閣諸島の問題や歴史問題を抱える日本だからこそ、中国に対する見方が厳しいのでしょう。自分たち豪州にとっては、中国は最大の貿易パートナーであり、大のお得意さまです」といった態度がしばしば垣間見られた。ひどい輩になると、「豪州を日中の対立に巻き込まないでくれ」と言わんばかりの態度を示した。実に、日豪の対中認識の乖離は埋め難かったのである。

ところが、二〇一七年頃から、ダスティアリ連邦上院議員（その後、引責辞任）を始めとする豪州の政治家に対する中国側の不当な干渉工作の実態が暴露され、さらには、豪州の国家安全保障を損なうような中国系企業による豪州インフラ（電力網、港湾施設等）への投資のあり方が問題視されるにつれ、状況は変わってきた。徐々にではあったが、確実に対中認識が厳しいものに変わってきた。

そうした対中認識の境目になったのが、この「シークレット・シティ」であるように私には思えたのである。作品が先か、実態が先か、議論が残るかもしれない。鶏と卵の議論になるだろう。だが、たかがドラマ、されどドラマ。決して軽視できない、その時々の世相を克明に反映する媒体でもあるのだ。

イスラエル大使公邸での「歴史戦」

二〇二一年四月八日、キャンベラのイスラエル大使公邸でホロコースト記念行事が開催された。第二次大戦中を上海で過ごしたホロコースト生存者の証言を聞いた上で、その場に出席していた日本、ドイツ、イタリア、フランス、オランダ、中国等、一五カ国程度の大使等と意見交換するという非公式かつアットホームな雰囲気の企画だった。当時のイスラエル大使館は大使が不在であったため、主催者はジョナサン・ペレド臨時代理大使が務めた。

生存者の名前は、ピーター・ウィティング氏。一九二八年にポーランドのグリビツェ(当時はドイツ領)で生まれ、ナチの反ユダヤ政策を逃れて、ベルリン経由でイタリアの客船で上海に避難したという。第二次大戦期を上海で過ごし、戦後に豪州に移住した経歴の持ち主だった。

高齢をおして令嬢と共に出席されたウィティング氏。その証言は、臨場感満載だった。中でも、日本との関わりを述べた件《くだり》は、非常に興味深かった。氏は、こう述べた。

「日本には助けられた。なぜなら、『ワルシャワの虐殺男』と呼ばれたナチ幹部が東京から上海入りし、『ユダヤ人を船に乗せて外洋に連れ出し、皆殺しにせよ』と働きかけたにもかかわらず、当時の日本は言われたとおりにしなかったからだ。その背景には同じ枢軸国であったにもかかわらず、日本がドイツから『二等国』扱いされていたことへの反発があったとみている」

「上海には、日本に助けられたユダヤ人が他にもいた。すなわち、在リトアニア日本領事館の杉原千畝領事が発給したトランジット・ビザで欧州を脱し、シベリア、ウラジオストック、神戸経由で上海入りしたユダヤ人だ。数千人もいた」

「『ゴウヤ』という名前の日本の憲兵は乱暴で、上海のユダヤ人に対するあしらいが屈辱的だった。しかしながら、総じて日本のユダヤ人に対する扱いは、そこそこ（reasonably）良かった」

列席した各国大使は興味深そうにこの証言に耳を傾けていた。そうした中で真っ先に挙手をして発言を求めたのは、中国の成大使だった。

「上海でのユダヤ人と中国人との関係は素晴らしかった」

「ただし、今も心を痛めているのは、当時はユダヤ人の子供より貧しい中国人の子供が大勢いたことだ」

ホロコーストの十字架を背負い続けるドイツの大使、同じ枢軸国のイタリアの女性大使などからは、いささか謝罪調のコメントとともに、歴史の教訓を忘れないための若い世代への教育の重要性が指摘された。

こうした流れを見極めてから、私はおもむろに挙手をした。そして、個人的感慨と断りつつ、こう発言した。

「ウィティング氏の大変辛いお話をうかがい、我々の歴史の暗いチャプターであるだけに、悲しい思いに囚われた。同時に、一筋の光明を見る思いもした」

「というのも、戦争のような逆境の時にあっては、人間の実に醜いむごたらしい一面と共に、見事な人間性も表に出てくることがあるからだ。枢軸国の側に立っていながらも、数千ものトランジット・ビザを書き続けた杉原千畝氏は、その好例だろう」

「今回のようなお話を契機に、人類社会が教訓を学び、共存する方法を考察していくことが外交官の役目と認識している」

この発言を聞いていた中国大使は、明らかに不満げにもどかしそうに体をよじらせ、手を上げては再度の発言を求め、こう述べた。

「当時は、中国も侵略と虐殺の被害者だったんだ」

座が白ける中、オランダの女性大使がおもむろに口を開いて会合を締めくくった。週末に私と一緒にキャンベラ湖畔でサイクリングをしていた大使グループ「バイカーズ」の一員だった。

「侵略と虐殺は、今の世の中にもある」

聞いていた誰もが、自国こそが第二次大戦の最大の被害者であるとの立場を強調し続ける中国大使発言に釘を刺したものと受け止めた。また、「今も続く侵略と虐殺」の中に、南シナ海での中国の対応や、香港・新疆ウイグル地区での人権抑圧への批判を込めたとの解釈もできる発言ぶりだった。

振り返って見ると、日本大使が出席していなければ、「欠席裁判」となりかねない展開だった。何よりも、機会を見つけては「歴史カード」を振りかざす、すなわち、ホロコーストの被害者に対する共感よりも自国の被害を強調する戦狼外交の実態が改めて鮮明になった瞬間でもあった。他方で、しばしばホロコーストと「南京虐殺」とを等値に位置づけて大日本帝国の「非道」を訴えてきた中国でありながら、ホロコースト生存者、そしてイスラエルと日本の外交官を前にした席で「南京」への言及はしなかった。この点も私の注意を引いた。

こうした応酬は、私にとってのキャンベラでの「歴史戦」第一ラウンドだった。また、このやりとりは、その後の中国大使館の私への個人攻撃の伏線となった。「戦果」を上げられなかった中国大使が自己保身のために脚色した報告を北京にしていたことが、浮かび上がってくることとなる。

ナショナル・プレス・クラブ講演

二〇二一年七月二十一日、豪州赴任後半年あまりでお鉢が回ってきたのがナショナル・プレス・クラブ（NPC、全豪記者協会）での講演の機会だった。

同クラブは、元々、豪州のジャーナリストが豪州連邦政府の首相、閣僚や高官の話を恒常的に聞くことができる機会を作るために設けられたと言われている。毎年一回は首相が同クラブでスピーチをすることになっているほど、格式が高いクラブでもある。

だからこそ、外国大使が講演をするには、なかなか敷居が高いところだ。実際、私のキャンベラ在任中にここで講演をしたのは、日本の他には、フランス、ウクライナ、中国、英国など、ごく限られた国だけにとどまった。希望しても機会が与えられない大使が多かった。

そんな同クラブ関係者から、「新任の日本大使の話を聞きたい」との誘いが着任早々に来たのだ。私が豪州マスコミからのインタビュー依頼に積極的に対応していたのが話題になっていたこと、そして、当時のインド太平洋地域の安全保障情勢や豪中間の貿易問題がマスコミの主要関心事項になっていたことが背景にあったと見られる。部下の大使館員が日本にお鉢が回るよう水面下で働きかけてくれたことも、功を奏した。日本大使に声がかかったのは、前々任者以来、何と六年振りだった。なかなか得られないはずの千載一遇の広報機会が回ってきたのだ。

「口舌の徒」である筈の外交官にとっても、ナショナル・プレス・クラブでのスピーチの難易度は高い。百戦錬磨のベテラン政治記者が集うだけでなく、講演とその後の質疑応答を含め、フルに一時間の英語でのやりとりの一部始終が豪州全土に生中継でテレビ放映されるからだ。

テレビカメラがステージに立つ自分の前方だけでなく、後方の天井にも据えられていると当日に現場で知らされた。まさかそのせいではないだろうが、講演では、何と緊張のためか途中で原稿の一部を読み落とす初歩的なミスを犯してしまった。何度も読み上げ練習をして臨んだにもかかわらずだ。一瞬、頭の中が真っ白になった。プレゼンの道は実に険しいのだ。

「豪州は一人ではない」

ひときわ気を遣ったのは、テーマ設定だった。豪中貿易問題が豪州にとって喫緊の課題であるからといって、押っ取り刀でその話から入っていけば反発を招き、逆効果になりかねない。中国関係者が猛反発するのみならず、腰が引けてしまう豪州人も出るからだ。むろん、着任早々のデニス・リチャードソンの「忠告」をそのまま尊重する気など、さらさらなかった。同時に、そうした見方が豪州国内には厳然としてあることを念頭に置いた上で、日本からの効果的な発信の仕方を工夫する必要があると考えた。

そこで、講演テーマは、「日豪関係の現在と展望」に設定。これまでの実績、特に最近十五年間の進展を説明し、それを踏まえつつ今後十五年間の展望を述べてみるという展開とした。分野的には、（一）貿易・投資等の経済面での協力、（二）水素の開発などの気候変動問題への対応に当たっての協力、(三)東シナ海や南シナ海を舞台とする安全保障面での協力、を中心に分野横断的に包括的に論じるよう試みた。気持ちとしては、これからの重要なパートナーとして「中国、中国」といささか浮かれ気味だった豪州の動きに釘を刺し、日本との関係の重要性を再認識させたいとの企図もあった。

しかしながら、記者との質疑応答では、現下の最重要課題であった中国による経済的威圧に対する豪州の対応に自ずと焦点が当たってきた。

そこで私は、二〇一〇年の尖閣諸島周辺海域での中国漁船船長の拘束に反発した中国がレア・アースの対日輸出を規制した例に言及。その際に、日本政府が米国、EUと協力しつつ本件をWTO(世界貿易機関)の下での紛争解決手続きに持ち込んで勝訴し、中国の措置を撤廃させたこと、かつ、日本政府が豪州の協力を得つつ中国産レア・アースに対する異様に高い輸入依存度を下げるよう努力してきたこと等を具体的に説明した。

こうした日本の対応こそが、現在中国のとてつもない経済的威圧に晒されている豪州の参考になるといった趣旨での言及だった。

そして、講演でも言及したパンチラインを繰り返した。

「豪州は一人ではない(Australia is not walking alone.)」

単なる not alone ではない。豪州人の間でも人気が高い、サッカーの英国プレミアリーグの強豪リバプールＦＣの応援歌（You'll Never Walk Alone）を想起させるセリフを選んだのだ。

深く頷いてくれた会場の多くの聴衆を見て、確かな手応えを感じた。そして、このやりとりがＮＰＣスピーチのハイライトとなった。

ちなみに、経済的威圧に晒されてきた豪州に対して、公の場で最初にエールを送ったのは日本大使だった。その後、しばらく経ってから、米国ホワイトハウスのカート・キャンベル・インド太平洋担当調整官が、「米国は豪州を見捨てることはしない」と述べた。

この先後関係を良く認識していた豪州の情報機関大幹部からは、「シンゴ、（豪州を応援してくれたのは）日本が最初だったな」と感謝された。

第4章　戦狼からの攻撃

中国大使館の反発

講演翌日の七月二十二日、豪州各紙は日本大使の講演を写真入りで大きく取り上げて報じた。いずれも極めて好意的なトーンだった。大使館の優秀な現地職員と協働してスピーチ原稿を準備し、何度も練習した甲斐があったと思った。何よりも、大使としての最初の大仕事が成功裡に終わったとの達成感と安堵に包まれた。

だが、そんな感慨は、中国大使館の特異な反応によって吹き飛んでしまった。

二十二日、突如として中国大使館は日本大使の発言を厳しく批判する報道官声明を発出し、中国大使館のホームページ上に掲載したのだ。

その内容は、以下のとおりだった。

「最近、駐豪州日本大使が中国に関し何度か暴言を行ってきた。遠くない過去にキャンベラで開催されたある外交行事で、日本大使は、第二次大戦時の日本の軍国主義者による残忍な侵略と残虐行為をあからさまに糊塗し美化しようと試みた。その場において日本大使が駐豪中国大使によって痛罵されたことは至極当然である。日本大使による中国大使に対する夕食の招待は、丁重に断られた」

「二〇一〇年、中国のGDPは日本を超えた。しかし、今日に至るまで、大日本帝国の夢を抱くごく一部の日本人は、歴史や現実を依然として直視できていない。他方、世界の発展の方向性は、それを望まない人間がいるからといって、変えられるものではない」

明らかに、ナショナル・プレス・クラブでの私の講演とそれに対する豪州社会からの好意的な反響を快く思わないが故の反応と見受けられた。しかも、イスラエル大使公邸でのやりとりをねじ曲げ、「痛罵」などとでっち上げ、夕食会オファーの拒絶にまで言及する始末。ボクシングで言えば、ベルト下を叩くロー・ブローそのものだった。

私の講演では、中国には一切言及しないとの配慮を行っていた。記者との質疑応答の中で質問を受けたから、それに答えたまでだ。にもかかわらず、「暴言」と決めつけた中国側。

この中国大使館の声明の内容が明らかに一方的で事実に反していたので、ただちに日本大使館幹部から中国大使館幹部に抗議した。その際の中国側の説明は、つづめていえば、日本大使によるナショナル・プレス・クラブでの講演について中国国内でも大きく報道され、厳しいコメントが相次いでおり、在豪州中国大使館として今回の行動をとらざるを得なくなった、という趣旨だった。中国本国との関係でアリバイ的に何か措置を執らざるを得なかったという釈明に聞こえた。

実際、大使館は声明をホームページに出すだけで、通常のように豪州メディアの記者を大使館に呼んで会見をすることはしなかった。これを見た豪州人記者が、「中途半端な対応」と評したものだった。

また、イスラエル大使公邸での歴史問題を巡るやりとりは、前章に記載したとおりだ。歴史を美化したわけでなく杉原千畝の功績に言及したに過ぎないこと、中国大使による「痛罵」などという事実が一切なかったことを日本側から克明に説明した。これに対する中国大使館側の反応は、「杉原千畝の話など聞いたこともない」というものだった。

何のことはない。イスラエル大使館でのやりとりで形勢が悪くなった中国大使が、その場にいた中国側関係者が自分だけであったことを奇貨として、自らの都合が良いように脚色して身内に報告し、保身を図っていたことは明らかだった。

このような日中間のやりとりはさることながら、豪州メディアや、第三国の大使からは、次のような声が続々と寄せられた。

「日本大使の講演は巧みに抑制されており、中国を怒らせる類いのものとは考えていない」

「豪州を巡る現下の状況にあって、日本大使が公の場で積極的に発言することは、外交官として当然だ」

「当然すぎる日本大使の発言に対してまで中国が『歴史カード』を使ってくるとは昔ながらの常套手段で、あきれてしまう」

民主主義、人権、法の支配、市場経済といった基本的価値を日本と共有し、のみならず、インド太平洋地域での戦略的利益をも共有する豪州。第二次大戦後、一九五七年の通商協定の締結を契機に飛躍的に益々強化されてきた貿易・投資のつながりが相互信頼関係を築きあげ、双方の関係者の努力があいまって戦後和解を達成してきた豪州。

であるからこそ、中国の台頭が提起する機会と挑戦について腹を割って意見交換できる相手でもあるのだ。ナショナル・プレス・クラブでの講演は、そうした日豪の共通項を踏まえた上で、公の場でどこまで言及できるか、どういう言い方であれば豪州人の共感と支持を得ることができるのかを私に教えてくれる良い機会となった。

嬉しかったのは、総じて極めて好意的な豪州メディアの反響を目の当たりにし、しっかりとした手応えをつかむことができたことだ。冷徹な観察眼で知られているオージーの友人は、中国大使館の反発を聞きつけて、私にこう言ってきた。

「シンゴ、彼らがあそこまで激しい言葉を使って反発したこと自体、講演が成功であった証《あかし》だよ」

豪州の対中認識の変化

中国からの横やりはあったものの、キャンベラ赴任後、豪州の政界、官界、経済界、マスコミ、大学、シンクタンク関係者と精力的に会談し意見交換を行う中で、豪州の対中認識が一昔前と比べて一変したことを実感した。嬉しい驚きでもあった。

総合外交政策局の審議官時代（二〇一四～二〇一五年）、日本国際問題研究所所長代行時代（二〇一五～二〇一七年）にも、私は訪豪を重ね、数々の豪州側関係者と議論し、対中認識の摺り合わせに努めてきた。

当時は、日本側から尖閣諸島周辺の状況を説明して豪州側の理解を求めたところで、「それは、日本側の問題。日本には、中国との間で歴史問題もある。豪州にとっては、中国は最大の貿易パートナー。豪中関係は良好であり、いたずらに損ないたくない」というのが、端的な反応だった。

ところが、豪州自身が中国との貿易紛争のまっただ中に入ったこともあり、豪州側要人の多くから、中国問題に対処するに当たって日本の知見と経験に学びたいとの要望が寄せられる状況になった。

対中認識硬化の原因

なぜ、ここまで対中認識が一変したかと言えば、要因は幾つか考えられる。

一つは、一連の中国側の措置によって対中警戒感が増大してきたことがある。すなわち、中国系企業によるダーウィン港の九九年間に及ぶ使用権取得、5Gでのファーウェイ（華為技術）社の攻勢、連邦上院議員をはじめとする政界要人への影響力行使といった諸措置が明るみに曝《さら》された。これらが、世間の脚光と批判を集め、対中警戒感を高めたことは間違いない。

第二には、中国が豪州の対応を見誤った点も指摘されよう。5Gへの対応、コロナの原因を解明するための国際調査を求める豪州政府首脳発言などを受け、中国は猛反発した。そして、こうした豪州の振る舞いに対する「制裁」として、大麦、石炭、ワイン、木材、ロブスター等の豪州の対中輸出産品に対して中国側が打ち出した一連の貿易制限措置が、豪州側をさらに困惑させ、対中認識を決定的に硬化させることになった。

換言すれば、中国側から見れば、豪州はクアッド（日米豪印）のメンバーの中で、最も弱い連鎖に見えた可能性がある。だからこそ、高飛車に圧力を加えたのであろう。ところが、そうした圧力がバックファイアし、却って逆効果になったという図式である。

第三にあげるべきは、米国外交の変化だろう。豪州は自ら単独で戦略的なイニシアティブをとるような国柄ではない。間違いなく大きな影響があったのは、米国の対中認識の硬化であった。トランプ政権以降の米国の論調の変化が豪州に与えた影響は極めて大であったと言える。批判の多いトランプ政権であったが、「中国問題についてはトランプの本能は正しかった」と評されるゆえんでもある。

一枚岩でない対中認識

さはさりながら、硬化する対中認識の中にあって、その対応を注意をもってフォローする必要があったのは以下の三勢力だった。

第一は、旧世代の外交官だ。先述した「花の一九六九年組」が典型例だ。中国問題については、経済的に貧しかった時代の健気で純朴な中国のイメージが強すぎるのか、宥和的、協調第一である。

第二は労働党の一部政治家。保守連合の政治家とは世界観、歴史観が大いに異なる。組合運動やマルキシズムへの郷愁と共に、左派右派を問わず、複雑な反米感情、アメリカの圧倒的な力への心理的反発、大英帝国への敵意がしばしば顔をのぞかせる。キーティング元首相、カー元外相らが典型である。

第三が西豪州を中心とする財界人だ。中国との鉄鉱石、石炭等の貿易で巨万の富を築き上げてきた人間が少なからずいる。モリソン前政権の厳しい対中姿勢を「メガホン外交」として声高に批判してきたアンドリュー・フォレストＦＭＧ（Fortescue Metals Group）会長が典型である。

日本の役割

豪州社会全体の対中認識の硬化はあっても、このような宥和派、媚中派も厳然として引き続き存在するため、予断を許さないのが豪州の論調だった。

だからこそ、不断の摺り合わせが必要だった。日本の見解を常に伝え、豪州政府が強力な圧力に接して腰砕けとなって折れてしまうことがないよう、突っかい棒を打ち込んで支えていく。これこそが日本大使の役割と心得ていた。

同時に、日豪間の協力でできる限りの成果を上げることも最優先した。対中関係が冷え込んだ時期こそ、日本との関係の重要性をインプットする好個の機会であったからだ。

その観点からは、総理大臣の豪州訪問のようなハイレベルの要人往来が待望されたことは言うまでもない。政治的効果が絶大だからだ。また、長らく交渉が停滞してきた円滑化協定（RAA）交渉の妥結、そして署名、また、脱炭素社会をにらんだ水素等の新たな分野での日豪協力などの具体的成果を次々に出していくことが肝要だった。

第5章　労働党への政権交代

野党政治家からの牽制球

前記のような問題意識を持って課題解決に取り組んでいた矢先に、事件は起こった。着任後、半年あまりが経った頃だった。

オーストラリアン・ファイナンシャル・レビュー（AFR）という経済新聞がある。日本の日経、米国のウォール・ストリート・ジャーナル、英国のファイナンシャル・タイムズにあたる豪州きっての高級経済紙だ。そこの政治欄編集長で私とも親交を結んできたフィル・クーリーが二〇二一年六月四日付で論説記事を書いた。要は、対中政策についての与野党を越えた連携の重要性を訴える記事だった。至極まっとうな正論であり、野党労働党が対中政策さえ政治利用しかねないと指摘するとともに、私の言動の紹介から始まる記事だった。

記事が出た直後、労働党左派の重鎮政治家Bの呼び出しを受けた。日本大使に、連邦議会議事堂内の自分のオフィスに来て欲しいというのだ。

Bは、幼少期に豪州に移住した家系で、古参の上院議員。弁護士経験を有し、弁舌の鋭さで知られ、与党保守連合の政治家や外務貿易省幹部などを議会審議の際に激しく吊し上げるので知られていた。

アンドリュー・シアラー国家情報庁長官もやり玉に挙げられてきた一人だった。ハワード、アボット両首相（いずれも自由党）の補佐官を務めたシアラーが情報コミュニティを統括する国家情報庁長官に就任する際には、「政治的に過ぎる」として強く異論を唱えたのもBだった。労組の活動家であり、強力な論客。労働党支持者からは頼りにされる一方、保守派からは敬遠され、一部からは強く忌避されている政治家だった。

そんなBではあったが、与党保守連合のみならず野党との意思疎通も重視していた私は、二つ返事で先方の呼びかけに答えてオフィスに赴いた。席に着くやいなや、待ち構えていたBは、もったいぶった形相でおもむろに口を開いた。

「アンバサダー、私はあなたに注意喚起（caution）しなければならない。あなたの発言がこの町（キャンベラ）で政治的に利用されている」

平たく読み解けば、お前の発言は物議を醸しているから黙れ、というメッセージだった。注意喚起という際に「caution」という英語を使ったところなど、いかにも上下関係を意識させるような説教だった。そもそも一般論として言えば、一国を代表している大使としては、政府代表でもなく、かつ、野党代表でさえない一政治家からこのような申し入れを受けることなど、到底承服できるものではなかった。党の立場での申入れなのか、個人的申入れなのかも、判然としなかった。

外交という仕事に従事していると、いつ何時どこから弾が飛んでくるかわからない面がある。そして、身構えができておらず場数も踏んでいない場合、平然と受け流すツラの顔の厚さも、弾を適時適切に撃ち返す手法も、備わっていないことが多い。

この面談に同行していた大使館員は、性格的に温和で優しい人だったのだろう。その上に、こんな場面に出くわした経験もなかったのだろう。相手の突然の非礼な不規則発言に憤慨するそぶりもなく、鳩が豆鉄砲で撃たれたように、もじもじと下を向いて押し黙ってしまった。受験秀才で喧嘩慣れしていない外務省員、長年にわたって何度も目の当たりにしてきた典型的パターンだ。

相手は、もともと労働党左派のやり手として知られた百戦錬磨の論客だ。同時に、就任直後にリチャードソン元駐米大使から牽制球を投げられていた経緯もある。そこで私は、「やれやれ、また来たか」という感じで受け止めた。

そして、深呼吸して沸き起こる憤りを鎮めつつ、瞬時に頭の中を整理して、三つのことを眼前のBに伝えることとした。反論である。気持ちは完全に戦闘モードに切り替わっていた。

「一．マスコミが私の発言をどう報じるかは、私がコントロールできることではない」

「二．私は日本の大使だ。日本の立場を伝えるのが私の役目。誰も私を黙らせることなどできない」

特にこのメッセージについては、目をかっと見開いて相手の目を見据えながら伝えた。

「三．メディアが報じる私の発言に不満があるなら、私を労働党首脳部の会合に呼んで欲しい。いつでも、日本の立場を説明する用意がある」

労働党の反応

先方にとって、私の反応は明らかに想定外だったようだ。あっけにとられた感もあった。今まで、このような反撃をしてくる日本人に出会ったことがなかったのかもしれないとも推察した。

かつてBには、慰安婦問題で日本に謝罪と補償を求める上院決議案を担いだ過去もある。また、公の場で、「英国がインド太平洋で役割を果たすためには過去の歴史に向き合わなければならない」などと述べて英国人の反発を買ったこともある。

そうした政治的な立ち位置が、外交慣例に照らせば尋常ではない申し入れをしてきた背景にあったのかもしれない。

いずれにせよ、相手方が背負っているものが何であるかにかかわらず、私の念頭にあった意識は、呼びつけられ一方的に説教されて口をつぐむほど、日本国もその大使も落ちぶれてはいないということだった。そこをBには理解させたかった。そうでないと、日本国、日本人がこの先も舐められて同じような仕打ちを受けかねないと思ったからだ。

効果はそれなりにあったようだ。「瓢箪から駒」とはよく言ったものだと思う。

その後、労働党は実際に私を執行部の会合に招待してくれたのだ。

二〇二二年五月の総選挙前、アルバニージー野党党首（のちの首相）、マールズ議員（のちの副首相兼国防大臣）などの最高幹部が揃った会合に招かれた私は、中国問題についてじっくりと意見交換し、しっかりと日本の立場をインプットすることができた。またとない貴重な機会であった。そして、その後の労働党政権誕生の暁には、既に互いに面識があるところから出発することができた。これは大きな効用をもたらした。

しかしながら、残念なことに、労働党執行部の当該会合には、なぜか肝腎のBは出席していなかった。理由は体調不良だと告げられた。

労働党政権への危惧

二〇二二年五月末。連邦議会選挙の結果、スコット・モリソン率いる保守連合は惨敗し、アンソニー・アルバニージー労働党党首が率いる政権が発足した。豪州にとっては九年ぶりの政権交代だった。

選挙戦の最中から、東京の首相官邸、外務省等の関係者からは、労働党政権が誕生すれば豪州がふたたび中国に靡いてしまうのでないかとの懸念が伝えられてきていた。

無理もない。保守連合政権は、二〇一三年からアボット、ターンブル、モリソンと合わせて九年間続いた。その前の労働党政権はどうだったか？　日本の関係者の脳裏には苦い記憶があった。

特に、ケビン・ラッドが首相を務めた労働党政権では、私から言わせると三つの大罪が犯されていた。

（一）安倍総理が打ち出していたクアッド（日米豪印）のイニシアティブに対し、当時の豪州は「中国を刺激したくない」と述べ、背中を向けた。

（二）また、アジア諸国との関係では、対日関係よりも明らかに対中関係を優先させていた。

（三）戦略的に重要でない捕鯨反対にこだわり、日本を国際司法裁判所に提訴した。（遺憾なことに、日本は敗訴し、調査捕鯨計画の大幅な変更を迫られた。これが、その後のＩＷＣ脱退、南極海からの捕鯨撤退につながることとなった。）

これが、当時の日本政府関係者が覚えていた労働党政権の有様だった。だからこそ、ふたたび労働党が政権に戻ると聞いた東京の関係者が警戒感を抱いたのは、何ら不思議ではなかった。

基本的政策の踏襲

こうした懸念を有していたのは、日本だけに限られなかった。米国、インドなどクアッドのメンバー国を安心させる必要もあった。

そうした空気を感じたのだろうか、アルバニージー新政権は就任早々、基本的な外交政策を継承することを明確に打ち出した。

その意味では、就任早々にクアッドの首脳会合出席のために、アルバニージー首相、そしてその外交指南役であるペニー・ウォン外相が揃って訪日したのは、象徴的であると同時に、実に効果的だった。

総督公邸での就任式の後ただちに豪州軍の首相専用機に乗り込んだアルバニージー新首相は、二〇二二年五月二十三日夜、羽田空港に降り立った。民間航空機と同様の機体を政府専用機として使用している日本とは異なり、豪州の首相の専用機は軍用機をベースに改造したものだった。外見は無骨だが、首相用の広いベッドルームが備わっていると言われる。

一足先に豪州から日本に戻り、空港で出迎えた私にとっても感慨深いものがあった。アルバニージーにとっては数年ぶりの訪日だった。そこで、タラップの下で小田原潔・外務副大臣と共に待ち構えていた。

私からは、選挙戦での勝利を祝す気持ちも込めて、こう述べた。

「首相、ようこそ日本に再びお越しくださいました（Welcome back, Prime Minister.）」

厳しい選挙戦を勝ち抜いて首相に就任したアルバニージーは、満面の笑みで頷いていた。

訪日の最大の目的はクアッド首脳会合への出席だった。

その冒頭、取材用のテレビカメラが入った席で、アルバニージーは明言した。

「豪州では政権は代わったものの、クアッドに対する豪州の関与（コミットメント）は変わらなかったし、今後も変わることはない」

これ以上はない力強い宣言だった。

その後行われた日豪首脳会談でも、東シナ海、南シナ海、北朝鮮などの地域情勢を含めて岸田総理とアルバニージー首相の話はかみ合っていた。

私が同席した日豪首脳会談では、テーブルの真向かいに旧知のグレッグ・モリアティ国防次官が座っていた。外務貿易省での経験も長く、インドネシア大使を務めた外交・安保政策通だ。首脳会談が終わるや否や、このグレッグが私に向かって親指を立てるポーズをしてきた。アルバニージー政権下での最初の首脳会談が成功したことを雄弁に物語っていた。

岸田総理の抱擁

実は、日豪首脳会談に先だって、外務本省の幹部と共に岸田総理にブリーフィングを行う機会があった。

アルバニージーをどう扱ったら良いかが話題になった際、私はこう進言した。

「優しく包み込んでやってください。選挙戦の過程では、外交・安全保障の経験が乏しいと保守連合から痛烈に批判されてきた人物です。本人も就任後最初の外国出張で緊張しているに違いありません。抱擁してあげるのが大事です」

その「抱擁」が上手く行われたことは間違いない。一連の外交行事を終えて羽田空港から飛び立った際のアルバニージーの満足そうな表情が、訪日の成功を物語っていた。岸田総理の気遣い、さらにはバイデン大統領、モディ首相との豪州首相としての最初の出会いがうまくいったとの自覚があったからこそ、大きな達成感を持って日本を後にしたようである。

それにつけても、印象深かったのは、訪日中、どの外交行事でも外相に就任していたウォンがぴったりとアルバニージーに寄り添っていたことだ。首脳会談はもちろん、記者相手にぶら下がり会見に応じるときも、そうだった。外交分野でのアルバニージーの指南役であることを、その身をもって示しているかのようだった。

微笑ましいエピソードがあった。

羽田空港から帰国する際、専用機のタラップを足早に駆け上げるアルバニージー。その後を直ちにウォンが追って駆け上がろうとした。背後霊のように付き添っていた訪日中の行動からすれば、当然の動きでもあった。だが、駐日大使のジャン・アダムズに止められた。

「大臣。首相はタラップの上で振り返り、見送りのプレス等に手を振ります。それを待ってから、大臣はタラップを上ってください」

かつて気候変動問題の交渉に一緒に取り組んでウォンの信頼が厚いとされるアダムズ。彼女ならではの、もっともな振り付けだった。それを聞いて納得したウォンは、一言とっさのジョークを言った。

「そうだわ。私たち結婚していなかったんだわ」

同性愛者であることを明らかにし、LGBTQ問題に人一倍熱意を持って取り組んでいることを公言してはばからない同人の発言だけに、小耳に止めた関係者誰しもが破顔一笑していた。

その後、アダムズは東京から呼び返され、外務貿易省次官に就任することとなった。内部事情に詳しい筋によれば、ウォンの引きがあったからと見られている。

また、日本側がアルバニージー新首相受入れの準備に腐心したように、豪州政府側も新任の首相への振り付けに余念がなかったと聞く。キャンベラから羽田への機中では、四時間もの長時間にわたり、シアラー国家情報庁長官を始めとする同行者からの綿密なブリーフィングが行われたと聞く。まさに日豪双方の事務方の努力もあって、岸田・アルバニージーの最初の首脳会談は成功裡に行われたのだ。

第6章　日豪関係の地盤固め

安倍元総理の急逝

二〇二二年七月八日、事件の発生がメディアで報じられた途端、アボット元首相やモリソン前首相など豪州の各界要人から私の携帯に続々と電話、テキスト・メッセージが寄せられてきた。選挙応援演説中の奈良で凶弾に倒れた安倍元総理に対するお見舞いと共に、容態を気遣う照会だった。

懸命の治療もむなしく死去。まもなく、アルバニージー首相は記者会見を開き、「日本は真の愛国者、真のリーダーを失い、豪州は真の友を失った」と痛切の表情で弔意を表明した。

私には、労働党左派の首相が安倍晋三を評して「真の愛国者（true patriot）」との賛辞を使ったところが強く印象に残った。というのも、安倍政権が発足した際の欧米メディアの反応を鮮明に覚えていたからだ。特に、「タカ派」「極右」「歴史修正主義者」などとの表現を使ってさんざんに貶めていたのが、ニューヨークタイムズ、ガーディアンといった左派系メディアだった。

安倍総理が主導したクアッド（日米豪印）の誕生によって豪州の国際的地位が格段に向

上したことへの恩義があったであろうことは想像に難くない。また、安倍総理のリーダーシップの下で日豪関係が飛躍的に発展したことへの高い評価と敬意もあったのだろう。保守派、中道右派のアボットやモリソンではなく、左派のアルバニージーが選択したことばが「愛国者」であったことに、党派を超えた日本重視と日豪関係の成熟ぶりを実感した。

翌週十一日には、アルバニージー首相とウォン外相が連れ立ってキャンベラの日本大使公邸を来訪し、丁重に記帳してくれた。記帳受付は、世界中の在外公館で行われたものである。だが、世界広しといえども、任国の首相と外相が揃って大使館に赴いて記帳したのは豪州だけであったと認識している。

中国大使車、現わる

十二日にはハーレー総督夫妻、さらには各国大使など、要人がアポイントメントをとって続々と大使公邸を訪れ記帳した。そんな最中にハプニングが起こった。

突如、五星紅旗の小旗を掲げた中国大使館のセダン車が日本大使公邸に現れたのだ。

他の大使は皆アポを取り付けて来館しているのに、アポ無しの予期せぬ到来だ。この事態を目にして「中国大使が来ました」と息せき切って報告に来た館員もいた。それに対して、私はひとこと言った。「落ちついた方が良い。そんなことはないはずだ」

実際、日本大使公邸の門をくぐり抜け、正面玄関前の車寄せで停車した中国大使館官用車から降り立ったのは、中国大使ではなくナンバー2の次席公使・王晰寧《ワンシーニン》だった。精力に溢れ、口八丁手八丁の戦狼外交官として、豪州のメディアでたびたび取り上げられてきた話題の主でもある。メディア対応に消極的であったとされる前任の成大使に代わって自らが対応せざるを得ない、と愚痴をこぼしていたことも伝えられている。前年の私のナショナル・プレス・クラブでのスピーチを暴言と言い募ったのも、この人物だった。

そんな王次席公使は、私に向かって述べた。

「安倍総理は中日関係に貢献された。習近平主席も評価されている」

いささか大仰だが平板でもある弔意を表明した相手に、私は質《ただ》した。

「あなたのところの大使はどうされているのか」

むろん、中国という国を代表しての記帳である以上、他の国と同様に大使こそが登場すべきというのが私の含意だった。これに対する相手の答えは、一言にとどまった。

「大使は気分が優れないのです」

記帳台に向かったこの次席が安倍総理の遺影に向かって三度深々と礼をしたことを良く

覚えている。胸の内はどんな気持ちだったのだろうか？

一連の言動から、弔意は表すが、日中関係の現状に鑑み、レベルは次席止まりにするというのが北京の判断であったと受け止めた。興味深いことに、この有名な戦狼外交官は、その後ほどなくキャンベラから転勤していった。情報当局を含め豪州政府関係者が気にとめなかったほど、人目を引かない静かな異動だった。後刻、行き先がアフリカのチャドであることが判明し、キャンベラの情報コミュニティの話題をさらった。豪州における中国外交のトーンの転換が、このあたりの人事異動にも現れていたのかもしれない。

アボット元首相叙勲伝達式

キャンベラ在任中の行事の中で、最も楽しく充実していたものの一つがアボット元首相に対する旭日大綬章の叙勲伝達式だった。

日豪関係の進展にせよ、クアッド発足にせよ、個々のイニシアティブが実りあるものとなるためには、相手の協力が不可欠だ。外交の世界でしばしば「タンゴは二人でないと踊れない」（It takes two to tango.）と言われる所以だ。

安倍政権時代、豪州保守連合政権の相手方はハワード、アボット、ターンブル、モリソン首相と次々に代わった。いずれの首相とも良好な協力関係が築かれてきたこと自体、特筆に値するが、中でも際立っていたのが、安倍総理とアボット首相との息の合った二人三脚振りだった。

そのアボットが、日豪関係に対する功績を表彰され、春の叙勲で旭日大綬章を受章した。そして、叙勲伝達式をキャンベラの大使公邸で七月十四日に行う予定となっていた矢先に、安倍元総理銃撃事件が発生したのだ。

アボット氏本人や東京の関係者とも相談し、悲惨な事件が起きた直後であるからこそ、こうした卑劣な行為に屈しないためにも予定どおり伝達式を行うこととなった。

盟友トニーのために安倍元総理が生前に録画していたビデオ・メッセージも、遺族のご了解を取り付けた上で、伝達式会場で流すこととなった。安倍元総理の英語通訳を務め信頼が厚かった高尾直・在中国大使館参事官の発意によるものだった。作成された動画は、これまでの親交を振り返り、心からの祝意を伝えるパーソナル・タッチ溢れるもの。会場で見た何人もの人の目を潤ませることとなった。豪州訪問中の金子恭之総務大臣（当時）が同席され、日本政府として伝える祝意にさらに重みが加わった式となった。

アボット氏の高齢のご母堂、令夫人、姉妹、友人、同僚達に囲まれた伝達式は、誠に和やかで温かい雰囲気がみなぎり、深更まで続いた。ご母堂に至っては、自慢の息子を誇らしげに眺めながら、私にこうつぶやいてくれた。

「この伝達式は、オーストラリアの勲章を貰ったときよりも立派だわ！」

準備に奔走した大使館員に対して、何よりの励みとなった。

「シンゾーのスピリットが漂っている」

レセプションの途中に思わずトニー・アボットが口走るほど、誰しもがシンゾーとトニーとの盟友関係を意識した夜となった。

そして、宴もたけなわのころ、豪州でも大人気のウイスキー「響」のグラスを傾けながら、突如トニーが起伏に富んだ政治家人生を振り返りながらフランク・シナトラの名曲「マイウェイ」を口ずさみ始めた。あっけにとられるまもなく、トニーの妹がこれにあわせ、さらにはラウンジに集った誰しもが合唱し始めた。私も歌った。

こんなことは日本大使公邸で二度とあることではなかった。

ほのぼのとした思い出として語り継がれることだろう。

中国問題についての議論

そんなアボットとは、何度も繰り返し議論した。キャンベラの日本大使公邸で余人を交えずに話すこともあれば、シドニーのビジネス街の中心にある、美港シドニー・ハーバーを見渡す瀟洒な彼のオフィスを訪れることもあった。互いに国際情勢に対するリアリストで、歯に衣着せない言動。話が合った。

忘れられないのは、二〇一〇年頃に日本のカウンターパートと中国問題を議論した際、日本側の対中認識があまりにも厳しいので驚いたと、彼が述懐したことだ。二〇一〇年と言えば、尖閣諸島周辺海域で中国漁船が日本の海上保安庁の巡視船に激突してきた事件があった年だ。そして中国によるレア・アースの対日輸出規制といった経済的威圧の開始。現状を威圧と強迫によって変更しようとする一方的な行動の典型例だ。こうしたあからさまな行為が実際に発生していながらも、日豪間では対中認識に大きな隔たりがあったということでもある。不断の意思疎通の重要性と並んで、同志国といえども置かれた環境が異なる国の間では、戦略的認識の摺り合わせが如何に困難であるかを裏付けた話でもある。

救いは、今や政界を退いたアボット自らが「今振り返れば、自分たちはナイーブだった」と反省を込めて語ってくれたことだ。

アボット政権誕生に先立つケビン・ラッド労働党政権時代、クアッドに参加するよう呼びかけた日本の誘いに対し、当時のスティーブン・スミス豪州外相は、中国を刺激したくないから参加しない、と回答したことが報じられている。当時の日豪間には、これほどの立場の懸隔があったのだ。しかし、その後、保守連合のアボットが政権についてもなお、日本との対中認識にはギャップが残っていたのである。

漸くそのギャップが目に見えて解消されるようになったのは、第3章で述べたように二〇一七年以降ではないだろうか。豪州自身が中国との関係で不当な政治干渉に晒され、港湾施設や電力網など安全保障を損ないかねない投資の対象となり、さらには経済的威圧を被って、漸く目が覚め、我が身の問題として切実に受け止め始めたと言えるかもしれない。

こうした経緯やこれまでの苦労があるだけに、アボットのような、打てば響く相手との継続的な意思疎通が欠かせないと思う。実際、私の任期中、アボットは折りにふれて元ジャーナリストとしての健筆を振るい、対中宥和論を戒め、台湾有事への備えの重要性を強調し続けた。

政界を引退した後も台湾を自ら訪問し、内外に台湾問題の重要性と情勢の緊迫化とを身をもって伝えたのも、日本の元首相ではなく、豪州のアボット元首相だった。実に鋭敏な戦略観を兼ね備えた慧眼の士であった。

台湾にもたらされた反射的利益

中国が戦狼外交の「ツケ」に追われる一方で、反射的に利益を得た国際政治のアクターの一つが台湾であることは間違いない。

かつて台湾ロビーはその影響力を誇っていた。一九八〇年代後半、駆け出しの外交官である私が米国ワシントンの日本大使館で勤務していた頃、政治の町ワシントンで名うてのロビーイング力を存分に駆使していたのがイスラエルと台湾だった。

しかし、時代は変わった。改革開放政策によって開かれてきた巨大な中国市場の経済的魅力に西側主要国関係者の注目が奪われた上、その後の中国の目覚ましい台頭によって様相は一変した。こうした局面の変化は、米国のみならず、日本、英国、ドイツ、フランス等の間では程度の差こそあれ同様の展開をたどったと言えるだろう。豪州も例外ではなかった。

経済規模では中国とは比較にならない存在の台湾。

中国の軍事力の増大と攻撃的な対外姿勢でインド太平洋地域の安全保障環境が年々厳し

いものになる状況下においても、台湾情勢への豪州国内の関心は決して高くはなかった。

地理的に近く、経済的関心も深い南シナ海と、東シナ海、台湾海峡では、豪州の対応に決定的な違いが見られたのだ。長年の豪州の外交姿勢を規定する要因として、米英等から「見捨てられる恐れ」と「巻き込まれる恐れ」があると論じられてきた。そのロジックに乗れば、南シナ海は見捨てられないよう豪州として汗をかかなければならない地域である一方、東シナ海は巻き込まれないよう注意しなければならない地域との線引きが暗黙裡になされてきた印象がある。

しかし、こうした状況、とりわけ南シナ海と東シナ海との間に引かれた心理的な境界線を抜本的に変えたものは、中国の行動とそれに対する豪州の同盟国たる米国の危機感の高まりだった。中国の行動を称して、フランシス・アダムソン元豪外務貿易省次官（現南オーストラリア州総督）は「とてつもないオウンゴール」と喝破したことがあるが、まさに正鵠を射ているのである。

加えて、ウクライナ情勢の展開、とりわけ、ロシアによる侵略は、日本国民の安全保障観を一変させただけでなく、豪州人の目をも覚ました。「今日のウクライナ、明日の台湾」という言葉があるが、ウクライナで遺憾ながら起きてしまった事態を台湾海峡で起こしてしまってはならないとの問題意識の強さにおいて、米国、日本、豪州の間には共通の基盤があるといって良いだろう。

台湾の口下手

ウクライナと台湾の対比に話が及んだところで付言しておきたいことがある。

それは対外発信力、説得力の問題である。

むろん、かたやウクライナはソ連崩壊後、世界中の多くの国に並んでロシア自体もその存在を認めてきた主権国家である。他方、台湾については、米、日本等の主要国が中国との国交正常化以降、主権国家としては承認されず、非政府間の関係を維持してきたとの決定的な違いがある。しかしながら、ロシア、中国といった権威主義的体制国家との紛争を平和的に解決し、地域の安全と繁栄が損なわれないようにする必要があるとの観点では、同根の問題に直面している。

そうした状況下で改めて注目されるのは、ウクライナの国際社会に対する発信力だ。ロシアの侵略が衝撃的であったことはあるにせよ、自国の立場を諸外国に訴え、支援の必要性を理解させるに当たって、実に効果的であり、まさに目を見張るものがある。ゼレンスキー大統領もさることながら、日本、豪州等に駐在するウクライナの大使が自国の窮状を伝え、必要な支援を求める姿は、今や常態となっている。

豪州の首都キャンベラにあっても、現在のワシル・ミロシュニチェンコ大使は極めて優秀なコミュニケーターである。着任早々、積極的にメディアに打って出て豪州国民の共感を助長し、ウクライナ支援の必要性を納得させることに成功した。とりわけ、敷居が高く、主要国の大使であってもなかなか実現できないナショナル・プレス・クラブでの講演を着任後速やかに実現し、豪州全土へのテレビ生中継を通じて視聴者に対してウクライナの主張を説得力豊かに展開した。

翻って、台湾はどうか？

発信はよく言って控えめ。厳しく言えば、目立たず、効果が薄いのだ。

蔡英文総統やジョセフ・ウー外相の発言やインタビューについては豪州のメディアでも時折り報じられる。だが、豪州現地に駐在する台湾外交官は総じておとなしく、積極的な対外発信には程遠い。

エリオット・チャン駐豪台北経済文化弁事処代表とは親交を結んできた。着任早々、私たち夫妻をキャンベラの中心を占めるバーリー・グリフィン湖沿いの洒落たレストランに招待してくれたのもエリオットとナンシーのチャン夫妻だった。それに応えて私たちも日本大使公邸で諸外国の大使夫妻を会食に招待する際には、しばしばチャン夫妻を招客に交えた。

しかし、そうした場合であっても、彼らは総じて寡黙であり、台湾が置かれた状況について友邦国の関心と注意を促し、台湾海峡情勢についての危機意識を育むには至らなかった。

各方面から漏れ聞こえてくる話によれば、ナショナル・プレス・クラブからも講演をするよう招待が寄せられているにも拘らず、「今はその時期に非ず」との判断で講演の実施が見送られてきたという。誠にもったいない話なのだ。

そうした台湾だからだろうか？

台湾海峡や東シナ海情勢への豪州の関心と関与を求めるような発言を私がするたびに感謝のメッセージがエリオットや関係者から届けられた。自分がリスクをとって前面に立って発信するのではなく、むしろ、友邦の支援を待つ。何とも「日本的な」アプローチが目立ったキャンベラでの台湾だった。

日豪米の外相声明

そうした中で、二〇二二年八月、ナンシー・ペロシ米国下院議長の台湾訪問、それに続く中国人民解放軍による台湾周辺での実弾演習、弾道ミサイルの発射と日本の排他的経済水域への落下は、豪州でも大きな注目を集めた。

そして、カンボジアでのＡＳＥＡＮ関連外相会議の際に行われた日豪米三カ国の外相会合後、声明が発出された。ペロシ下院議長の台湾訪問に対する対抗措置として行われた中国の大規模な実弾軍事演習に懸念を表明し、弾道ミサイルが日本の排他的経済水域に落下したことを強く非難し、演習の即時停止を求めたのだ。

ウォン外相は豪州マスコミの質問に対し、台湾周辺で前例のない実弾演習を行うという中国の反応が下院議長の台湾訪問という行為に対して「釣り合いを欠くこと」「情勢を不安定化させること」を明確に指摘し、中国側の冷静な対応を求めた。

もともと下院議長や米国その他の国の立法府の人間の台湾訪問は今に始まった話ではない。厳密に言えば「政府」「行政府」の人間でない以上、台湾を訪問して台湾のリーダーと会うこと自体が、政府間関係の設定にあたるわけではない。中国の主張する「ひとつの中国」に反するわけもないのだ。

にもかかわらず、ペロシ訪台に声高に反対してきた中国。見過ごすこともできたものの、敢えてハードルを高く設定してきた面があることは間違いない。そして、国内政治や外交的観点からは、振り上げた拳の落とし所に苦労し、大規模な演習、ミサイルの発射に訴えてきたと看取される。片や、戦略的には、ペロシ訪台への抗議を口実として新たな歩を進めたと見られる一手だった。日本の排他的経済水域への弾道ミサイル打ち込みなど、その最たるものだろう。

現状を一歩一歩変更しようとする飽くなき欲求を感じさせるとともに、中国国内の聴衆を念頭に置かざるを得ないが余りの動きと受け止められた。台湾海峡問題の「平和的解決」が何とも虚ろに響く展開だった。

「台湾の次は尖閣」

豪州における台湾情勢への関心の高まりと積極的な関与は、今の労働党政権に始まったことではない。むしろ、前保守連合政権において顕著になったと言えるだろう。

例えば、ナショナル・プレス・クラブで講演したダットン国防大臣（当時。現在は保守連合リーダー）は、台湾海峡情勢に明確に警鐘を鳴らした。そして「台湾がとられれば、次は尖閣だ」とまで言い放った。尖閣諸島への言及に際しては、「尖閣」と日本側呼称のみを使用し、国際法的に野放図な中国側主張を歯牙にもかけない姿勢を明確にしたのだった。この点に関して付言すれば、日本の中国研究者の一部には英語で尖閣諸島問題に言及する際、「Senkaku」と日本名で呼称するより先に、中国側表記である「Diaoyu」に言及するような向きが見られる。ダットンは、そうした浅慮とは無縁の思慮深い対応をしてくれた。

講演後、豪州国立大学の高名な安全保障問題の泰斗は私にメールを寄越し、「シンゴの教育の効果だ」とまで冗談まじりに伝えてきた。日本大使公邸の天ぷらカウンターで深更までダットンと懇談したことを知っていたからだ。

率直に言えば、尖閣諸島の問題については、同盟国である米国政府関係者であってさえ、ここまでの発言はなかなかしてくれないものだ。日本から見れば、実に歓迎すべき豪州での展開だった。だが、豪州内にはこうした展開を喜ばない勢力も厳然としてある。これが、後述する私への再度の牽制球につながることとなる。

日本の知見と経験への多大な関心

こうした中で、中国による軍事大演習の挙行について、豪州のマスコミは次々に日本大使のコメントを求めてきた。

これは中国大使の言動に端を発していた。なぜなら、八月十日、肖千《シャオチャン》大使はナショナル・プレス・クラブでの講演後の質疑応答で弾道ミサイルが日本の排他的経済水域に落下したとの点を強く否定し、「中国側水域」などとあからさまに主張していたのだ。このような展開があったからこそ、豪州マスコミは日本大使の反応をこぞって求めてきたのだ。

リクエストを受けた私は、物理的に対応できるものには全部対応するとの方針をとった。そして、スカイニュース、ABCニュース、チャンネル9といった主要テレビ局のインタビューはすべて受けた。また、オーストラリアン、AFR、シドニー・モーニング・ヘラルドといった主要紙のインタビューにも個別にすべて応じ、日本の立場の丁寧な説明に努めた。

こうした対応をするに当たって必要となるのは、咄嗟《とっさ》の運動神経、スピード感覚と機転であることを痛感した。というのも、豪州にあってはテレビの生インタビューは、テレビ局からの申し込みが午前中に来て、インタビュー実施はその日の午後の早い時間というパターンが殆どだからだ。即断即決しないと、彼らのスピードやニュース・サイクルに間に合わない。そして、対外発信の貴重な機会を逸することとなる。「インタビューを受けて良いですか」「応答振りはどうしましょうか」などと、東京の本省におうかがいを立てている暇などないのだ。応答振りも、本省から来ている国会答弁調のお座なりなものでは、豪州マスコミ相手の丁々発止のインタビューでは到底使い物にならない。国内向けののらりくらりとした応答をオーストラリアのテレビでやれば、二度と声がかからなくなることは必至だ。豪州の聴衆の聞き慣れたロジック、テンポにあわせて、大使館でテイラーメードな工夫をしなければ対応できない。そこにこそ、大使の仕事、大使館の仕事のやりがいがあるはずなのだ。

心配なのは、今の外務省では国内にあっても、幹部がメディアのインタビューや寄稿に尻込みしていることだ。失敗や問題発言を恐れて、外に打って出ていかないのだ。これでは、強力な外交を展開する上で必要な国民の理解と支持を確保することなど、まずもって無理である。ましてや、国内のメディアのインタビューにさえ慣れていない外交官が、海千山千の外国メディアから機関銃のように繰り出される矢継ぎ早の質問に対応できるわけもないだろう。そうなると、国内広報もしなければ対外発信もできないことになる。縮小均衡の蟻地獄に嵌まっているのだ。

もちろん、外務省も手を拱《こまね》いてきたわけではない。大使や総領事で在外に転出するに当たっては、事前に在外公館長研修を受ける。その研修の中での重要項目の一つがビデオ・トレーニングだ。欧米の通信社やテレビ局の東京支局長として活躍してきた米国人メディア・コンサルタントから時事問題についての英語のインタビューを受け、その後その模様を撮影した録画を振り返りながら受け答えの改善を図る。インタビュー慣れしていない外交官にとっては、またとない非常に貴重なレッスンだ。

にもかかわらず、最近このビデオ・トレーニングの受講者が顕著に減っていると聞いた。「自分には関係ない」という態度だろうか？　「打って出る」ことの重要性に対する受講者の意識の低下を物語るものであるとすれば誠に憂慮すべき徴候である。

ちなみに、そのトレーニングでは、私の駐豪大使時代の映像が教材として使われているそうである。失敗して恥をかいてこそ上達の道が開ける、との金言を裏付けるものかもしれない。

こうした「発信」の重要性についての意識の低さは、テレビ・インタビューだけにとどまるものではない。動乱の最中にあった中東の某国にあって在留邦人等の国外退去に塗炭の苦労を重ねたO大使が本邦の有名月刊誌に手記を寄稿しようとしたところ、本省幹部からの猛烈な反対に遭った。知る人ぞ知る話だ。当時の外務次官から本人に対しては、寄稿に踏み切った場合の将来の人事異動への悪影響もほのめかされたと聞く。自らの広報努力の決定的不足を棚に上げて人事権を楯に適切な広報努力に圧力をかけるなど、あってはならないことである。

また、アジアの近隣国で大使を務めたT大使は、任国についての知見と人脈を誇るやり手外交官である。月刊誌でT大使を囲んで座談会をやろうとした企画が生まれたのも十分頷ける実績と能力を有する人物だ。にもかかわらず、この座談会も次官の了解が取れず実現に至らなかったと聞かされた。

果たしてこんな有様で、国民の外交に対する理解を増進できるのだろうか？　霞が関ブラックだとする風潮に抗して有為な人材を外交当局に集められるのだろうか？　全くもって疑問と言わざるを得ない。

岸田総理の豪州訪問

遂に待望の岸田総理の豪州訪問が実現した。二〇二二年十月のことだ。

もともとは、その年の一月にシドニー訪問が予定されていた。総理一行の現地での受入れに当たるシドニーの総領事館とキャンベラの大使館でチームを結成し、寝食を忘れて準備に余念がなかった。現地における最高責任者の私も、年末年始に関わりなく働き続け、年明けにはシドニーに乗り込んでいた。二〇一八年以来の久々の総理訪豪を実現すべく、岸田総理の到着を待ちわびていた。

ところが、日本でのコロナ禍の状況が急速に悪化。そのため、訪豪は直前にキャンセルされてしまった。総理の宿泊先となるはずだったシャングリラホテルの会議室で、「総理訪問キャンセル、受け入れチーム解散」の報を私が伝えたときの館員の顔は忘れられない。日本人、オーストラリア人を問わず、全身全霊をかけて準備に当たってきた何人もの表情が無念にゆがんでいた。悔し涙が頰を伝っていた者もいた。

このような次第があったので、十月の豪州訪問は、「二度目の正直」だった。

外交を行う上で首脳間の相互訪問の意義は強調してもしきれない。相手国との関係を重視しているとのメッセージを国家の最高レベルで形にし、友好親善関係を飛躍的に増進させるという効果が期待できるからだ。また、訪問を契機として、いろいろな政策面での合意が形成され、新たなイニシアティブがとられることが多々あることにも要注目だ。

この年の五月にはアルバニージー首相がクアッド首脳会合出席のため訪日、九月には安倍元総理の国葬のためにアルバニージー首相が再度訪日、そして、十月の岸田総理訪豪へとつながった。スペインのマドリッドで行われたNATO首脳会議の際の会談とあわせれば、アルバニージー首相は、就任後五ヶ月間で岸田総理と四回も会談したことになった。前例がないペースだった。

これほどまでに頻繁な首脳間の相互訪問に加えて、安倍元総理の国葬にはアルバニージー首相だけではなく、ハワード、アボット、ターンブルといった三人もの元首相が出席してくれた。他の国ではまず考えられない布陣だった。首相官邸関係をはじめとして、東京の多くの関係者から豪州の日本に寄せる視線の熱さに対して、驚嘆と感謝の意が伝えられた。出先の大使として、心強く、やり甲斐を感じる瞬間でもあった。

現職の首相のアルバニージーは労働党左派。ハワード、アボットは自由党右派で知られ、ターンブルは自由党の穏健派だ。その上、かつてアボット政権の閣僚でありながらアボットを追い落として首相の座にのし上がったターンブルとアボットとの不仲は、豪州の政界通であれば誰しもが知るところである。

すなわち、安倍元首相の国葬には、政治的立ち位置の違い、個人的好悪の感情を横に置いて、豪州の首相経験者が四人も集ったのである。対日関係の重要性について党派を越えた理解と支持が豪州には根付きつつあることを如実に表わしていた。

安全保障協力共同宣言

日豪間の安全保障・防衛協力については、二〇〇七年に安倍総理とハワード首相の間で日豪安保協力共同宣言が発出されて以来、物品役務相互提供協定（ACSA）、情報保護協定や二〇二二年一月に署名された円滑化協定（RAA）など、協力の枠組みを整備しつつ、具体的な協力が着実に実施されてきた。

ACSAや情報保護協定は、日本が米国をはじめとする同志国と安全保障面での協力を深化させるに当たって締結してきた協定であり、言わばセットメニュー的なものだった。これに対してRAAは、日本がまだ如何なる国との間でも締結していない協定だ。自衛隊と相手国の軍隊との間での共同訓練や人道的支援業務の実施に当たり、法的な枠組みを整備して自衛隊の相手国への訪問、相手国軍隊の日本への訪問を円滑に進めるためのものだった。日本にとって初めてのRAAを豪州と署名したところに歴史的な意義があった。

そうしためざましい進展に加えて、岸田総理の訪豪に当たっては、日豪安保協力共同宣言が改定されることとなった。要は、二〇〇七年以来十五年の間に大きく変わってきたインド太平洋地域の戦略環境を踏まえ、今後十年間の両国間の協力の方向性を示すこととなったのである。

北朝鮮による核・ミサイル開発の懸念すべき進展、日本にとって最大の戦略的挑戦を突きつけている中国の対外姿勢と軍事力の増強、ウクライナで非道不法な侵略を続けるロシアの振る舞いを踏まえれば、日豪両国の意見が一致するのに時間は要しなかった。

具体的な対応としては、豪州国防軍と自衛隊との相互運用性の向上に加え、従来は盛り込まれていなかったインテリジェンス協力が明示的に盛り込まれた。また、「日豪の主権及び地域の安全保障上の利益に影響を及ぼし得る緊急事態に関して、相互に協議し、対応措置を検討する」といったANZUS（豪州、ニュージーランド、米国）条約類似の文言まで盛り込まれた。両国間の安保・防衛協力のいっそうの進展を体現するものだった。

ウクライナ情勢への懸念を共有しつつ、岸田総理がしばしば強調してきた「今日のウクライナが明日の東アジアになりかねない」といった危機感が共有された。こうした文脈で見れば、緊急事態に関する協議を含むグレードアップされた安保協力共同宣言は、台湾海峡で高まる緊張に対して抑止力を増大させようとする日豪双方の決意と努力を力強く示すものでもあった。

日豪インテリジェンス協力

日豪間のインテリジェンス協力が話題になるたびに論じられるのが、いわゆるファイブ・アイズ（米・英・豪・加・NZ）と日本との関わりである。

日本のファイブ・アイズ入りに熱心な論者が我が国には少なからずいる一方、豪州においても、アボット元首相やピーター・ジェニングス前ASPI所長など、推進論者がいること自体は有り難い限りである。

国際情報統括官という外務省におけるインテリジェンス部門の局長ポストを務めた経験に照らしても、オーストラリアが日本にとって最も信頼ができるインテリジェンス協力の相手国の一つであることは、当時からひしひしと実感していた。豪州の立場から見ても、インド太平洋地域で基本的価値と戦略的利益を共有し、共に米国の緊密な同盟国である日本との協力の重要性が年々高まってきていることは疑いない。殊に、中国についての日本の経験と知見こそは、豪州をはじめとするファイブ・アイズのメンバーにとってニーズと関心が高いものでもある。

そうした流れを踏まえると、日豪の安保協力共同宣言で「インテリジェンス協力」への言及がなされたのは当然のことであり、いささか遅すぎた感もある。だが、大事なのはこれからの協力の実質だ。

ファイブ・アイズには、言語（英語）、歴史、基本的価値、生活様式を共有する国同士のつながりという面もある。また、日本がこれらの国々と本格的な協力関係を築くに当たっては、窓口・受け皿となる対外情報庁の設置や秘密保護法制のいっそうの整備、要員の訓練など、課題は少なくない。率直に言って、今の日本政府の体制にファイブ・アイズ側、特に対外情報に携わってきた関係者（米国のＣＩＡ、英国のＭＩ６、豪州のＡＳＩＳなど）は全く満足していない。

「早く俺たちのカウンターパートとなる機関を作ってくれ」というのが悲鳴にも近い彼らの要求だ。長年にわたって聞こえていた声だけに、安倍長期政権を含めてそれに応えてこられなかった日本に対して彼らが感じているフラストレーションを決して過小評価すべきではない。

そのような組織を一足飛びに作れないと言うのであれば、まずは足下をしっかりと見つめて、豪州等の主要メンバーとの間で、個別具体的な協力を着実に積み上げていく必要がある。こうした協力のブロックを積み上げていくことによって、信頼関係がさらに太いものとなり、互いの能力が切磋琢磨されていくことにもなると受け止めている。

ファイブ・アイズとの関係については、そうした機構を整備して能力を身につけることなくして、ただただ「入りたい」「入りたい」と繰り返しても詮無い話なのだ。玄人の間に冷ややかに眺める目があることも、忘れてはならない。

第7章　戦狼の微笑と対中宥和派の蠢動

中国の変化

二〇二二年五月末の労働党政権の誕生を受けて、明らかに発言のトーンと姿勢を変えてきたのが中国だ。

国の規模、経済の大きさによって格を決めがちなのが中国人の思考様式である。ナショナル・プレス・クラブでの講演で「日本は世界第二位の先進経済大国」と呼称した私に対して、今や中国が世界第二位であり、日本を上回っている現実を受け入れよと反発してきたような精神構造がある。

そのような中国が、スコット・モリソン政権の予想外の強靭振りに当惑させられたことは想像に難くない。彼らにすれば、横綱によるがぶり寄りに対して、小結クラスが土俵際で粘ってうっちゃりに出てきたように見えたのではないだろうか？

中国から見れば、クアッドの日米豪印というつながりの中で、最も弱い連鎖に見えたであろう豪州。であるからこそ、露骨な圧力をかけて「膺懲《ようちょう》」しようとした。こうした面があることは、否定できないだろう。

また、ダスティアリ連邦上院議員など要路の人間が中国勢力による介入・浸透を許すとともに、国の安全保障を損ないかねない基盤インフラへの投資を許容してきたため、「入りやすい国」、「豪州、与しやすし」との印象を得ていたであろうことも、想像に難くない。

だからこそ、モリソン政権の強腰と粘りは、中国にとっては大きな驚きであったに違いない。そうした驚きが転じた憤りが、広範な対中輸出品目について「制裁」措置を講じた背景にあったと見ることもできる。他の国に対しては、日本のレア・アース、ノルウェーのサーモン、フィリピンのバナナ、カナダのカノーラ（菜種）、韓国への団体観光客など、制裁の対象が基本的に単品又は一つのセクターであったこととの対比が際立つ。

透けて見えた鎧

だが、今の中国には、そう簡単には戦狼外交から微笑外交に切り替えられない生硬さがつきまとっている。

良い例は、新任の中国大使の肖千だった。本省でアジア局長を務め、インドネシア大使を経てキャンベラに赴任し、中国外交部（外務省）の俊秀との評がある。口八丁のやり手との印象を与える。前任者と違って、オリーブの枝を差し出し、戦狼外交からの転換を図るつもりだったのだろう。ところが、就任後間もないナショナル・プレス・クラブでの講演で、はしなくも狼の尻尾を露わにしてしまった。

実際、講演の冒頭、原稿を読み上げている段階では、豪州との関係を「リセット」したいとの姿勢を前面に出していた。にもかかわらず、台湾問題に言及し、さらには質疑応答セッションで豪州人記者からの厳しい質問攻めにあい始めると、大使の顔色、そして会場の空気がガラッと一変した。従来の頑なで強情な姿勢が露わになったのだ。

典型は、台湾問題への言及振りだった。

「台湾は中国の一省である」との居丈高な発言をした上、台湾統一の手段について問われると、「皆さんの想像に任せる」と思わせ振りに述べ、不敵な笑みを浮かべた。武力の行使を否定することはなかったのだ。

さらに驚いたことには、統一後の台湾住民に対する「再教育」までほのめかす強面振り。聞いていた誰しもが、新疆ウイグル地区での収容所生活を想起させられた。

大一番のナショナル・プレス・クラブ講演。中国側としては豪州との関係を「リセット」し得る格好の広報機会であったはずだ。にもかかわらず、却って変わることのない強硬姿勢を要所要所でのぞかせ、改めて地金を露呈したとの印象を植え付けることとなった。講演は、到底、成功とは言えない結果に終わった。

「協力すべきは協力」という親中派

安全保障面での日豪の協力が進み、中国の軍事的対応に伴う地域の安全保障環境の悪化に対する豪州側の意識も高まってきた一方、「中国と協力すべき分野では協力すべき」という議論も豪州内で力を増してきつつあった。

その一因として、労働党政権の発足に伴って、中国側が豪州との関係をリセットしようとしたことがある。だが、それだけではない。前政権の基本的外交政策の踏襲を明言し、「原則に関わる問題では妥協しない」とまで振りかぶったアルバニージー政権ではあったが、対中関係悪化の要因がモリソン前首相等の声高な対中批判からなる「メガホン外交」であるとして、それとの違いを際立たせようという意識もあったように受け止めている。

野党保守連合から長年にわたって外交・安全保障に弱いと痛烈に批判されてきた労働党。であるだけに、「労働党政権になって対中関係が改善した」という実績を作り出し、政治的得点にしたいとの思惑も濃厚に感じられつつあった。

もともと、基本的な対中政策自体については、労働党政権として「泳げる」余地は大きくはない。そもそも数年前とは異なり、豪州の対中世論が硬化してきたことは間違いない。

先にも触れたローウィー研究所の世論調査に明確に表れている。かつて中国は経済的なパートナーとして見られてきたのが、今や安全保障上の脅威と見られているとの明確な対中認識の転換も示されていた。

また、米国との関係を考えても、対中政策の基本軸を動かせるような状況にはない。すなわち、今や中国について、ロシアを上回る最大の戦略的課題と位置づけ、本腰を入れて正面から取り組みつつあるのが米国バイデン政権だ。この米国との関係こそ、豪州外交にとって最重要の関係だからだ。

ところが、中国側の微笑外交を受けて、豪州国内の一部から、協力分野を模索する動きが出てきたのである。具体的には、中国による「環太平洋パートナーシップに関する包括的及び先進的な協定（CPTPP）」加入申請を受けて、話し合いを開始すべきとの見解である。

労働党政権の誕生後、私が豪州国際問題研究所（AIIA）主催のセミナーに出席した際にも、豪州国立大学、シドニー工科大学にあって「媚中派」と見られている学者がこうした議論をかついでいた。

冷静に考えれば、おかしな話である。

中国による経済的威圧、具体的には、石炭、大麦、ワイン等の豪州産品に対する輸入制限措置がＷＴＯルールの基本に反していることは、衆目が一致するところだ。実際、日本へのレア・アースの輸出規制措置については、日本は米国、ＥＵと協力してＷＴＯに提訴し、二〇一四年にＷＴＯ違反の判断が下された。その結果、翌二〇一五年には中国が措置を撤廃した前例もある。

このようなＷＴＯルール違反の措置が大麦を始め漸く解除され始めたとはいえ、まだ完全には撤廃されていない状況にあって、ＷＴＯルールより遥かに規律が厳しいＣＰＴＰＰへの加入に向けた話し合いを始める環境にはないはずである。換言すれば、敷居の低いＷＴＯルールさえ守ることができない国が、どうして難易度が高いルールを守れるのだろうか、という常識的な問いかけでもある。答えが明らかであるにもかかわらず、中国の市場規模に目を奪われ、相手にすり寄るかの如き対応を取ろうとしている勢力が厳然として存在するのが豪州でもある。

親中派に警鐘を鳴らす

そこで、いささか中国の立場寄りに流れがちなマスコミ言論空間での議論に水を差すべく、オーストラリアン紙に寄稿することとした。幸い、日頃から主要マスコミとは人的関係を構築していたこともあり、寄稿の申し出はただちに受け入れられ、早速掲載された（九月十六日付。見出しは「貿易協定はルールに従う国だけのためにあるべき」）。

その際、中国のWTO加盟に当たっての経験に言及し、新興国を枠組みに入れることによって、その枠組み自体の一体性を損なわないようにしなければならないとの教訓にもふれ、ノー天気な楽観論に警鐘を鳴らした。

先にテレビの生インタビューの依頼に対する対応を論じたが、こうした寄稿についても、今の日本の外交当局にあっては、積極的に対応する人間が残念ながら少ない。より大きな絵柄を見れば、これは日本だけの問題ではなく、主要国の外交当局に共通した問題、内向き志向と言えるかもしれない。日本だけでなく、米国、英国、豪州などの先進民主主義諸国の外交当局者の多くの間に染みついている知的怠惰と危険回避性向の象徴と言えるかもしれない。

だが、繰り返すが、世はパブリック・ディプロマシーの時代である。外交当局同士で水面下のディールをして外交が完結する時代は、とうの昔に終わった。ウクライナ政府の効果的な対外発信にうかがえるとおり、今や如何に世論に働きかけ、理解と支持を得ていくかが年々重要になっている筈だ。これは政治家への賄賂などを通じた不当な干渉とは全く異なる、外交の正攻法でもあるのだ。

中国のＣＰＴＰＰ加入問題については、日豪両政府間では緊密な意思疎通が図られている。しかしながら、前記のような在野のシンクタンク、大学関係者の議論が、中国とのビジネス機会に執心している経済界関係者の声とあいまって、豪州政府のスタンスに今後どのような影響をもたらすか、目は離せない。だからこそ、こうした問題についても、日本からの継続的な発信、そして日豪の不断の対話が重要なのである。

殊にＣＰＴＰＰについては、トランプ政権下で肝腎の米国がＴＰＰを脱退した後、一部には瓦解を心配する声もあった中で日本と豪州が先頭に立って引っ張り、発効、さらには英国の加入に向けた交渉へと着実に歩を進めてきた経緯がある。そうであるだけに、新たな加盟申請国への対応に当たって、足並みが乱れるようなことは極力避けなければならない。ＴＰＰが単なる貿易・投資の枠組みにとどまらずにインド太平洋地域における戦略的な意義も有しているだけに尚更である。

その後の嬉しい事態の展開に触れておこう。

二〇二三年二月になって、豪州戦略政策研究所（ＡＳＰＩ）の所長に就任していた旧知のジャスティン・バッシ（ペイン前外務貿易大臣の首席補佐官）が、私の意見と軌を一にする主張をオーストラリアン紙への寄稿（二月四日付。見出しは「豪州は北京との貿易紛争に毅然と対応しなければならない」）で明らかにしてくれたのだ。中国が貿易制限措置を撤廃する気配を漂わせている中で、豪州政府がWTO提訴を取り下げることを戒めたものだった。その際、日本の経験を持ちだし、WTOルールに照らして判断を求めることが将来の中国による威圧を予防することを強く訴えた卓見だった。

実はバッシ所長のこの議論は、日本大使館を訪れた彼と私が議論したことが契機となっている。当の本人が私の寄稿に元気をもらったとまで述懐してくれたことは、まさに我が意を得たりだった。

日本が自ら臆せずに主張すれば、呼応する援軍が出てくる、そのことを思い知った次第である。

再度の牽制球

戦狼の微笑を受けたアルバニージー政権の中国政策の行方が注目されるにつれ、またしても驚愕の展開に接した。

岸田総理の西豪州パース訪問も成功裡に終わり、二〇二二年の年末も近づいてきた頃だった。豪州政府筋から日本大使館員に対して、あるメッセージが伝えられたのだ。

山上大使の活発な対外発信には敬意を表するが、これから豪中関係は微妙な時期に入るので、中国問題についての発言は慎んで欲しい、また、ピーター・ダットン影の内閣野党保守連合リーダーの発言に言及するようなことは厳に控えて欲しい、という内容だった。

何のことはない。またしても、「黙れ」との牽制球だった。

しかし、今までの牽制球は、現役を引退した元官僚や野党政治家が自身の世界観や政治信条に則って投じてきたものだった。ところが、今度は豪州政府内の関係者から来た点が違った。

一体、どう位置付けて受け止めるべきか？

任国たる豪州の政府当局が友好国たる日本国の大使に対して、日豪間の二国間問題について申し入れをしてくるのであればともかく、「（第三国である）中国の問題について発言するな」と言ってきたのだとすれば、これは外交慣例上極めて異例だ。

まさに、驚天動地、言語道断である。「ここまで焼きが回ってしまっているのか」と暗然とすべき筋合いの問題だった。

翻って日本側の事情を論ずれば、日本の外交官の弱さはこのような申し入れを受けた時にも如実に表れる。相手国関係者の不当な干渉もさることながら、そのような干渉はいつでも有り得るとの前提に立ち、干渉を受けたときに如何に反論するかが重要なのだ。

しかしながら、残念なことに、今回もメッセージの受け手となった大使館員が反論した形跡はまるでなかった。

「なんと言って対応してきたのか」と問われると、居心地が悪そうにモジモジとするだけ。またしても、喧嘩慣れしていないお坊ちゃんの対応だった。

「なんということを言うのか⁉　それはあなたの個人的見解なのか、政府としての見解なのか？　中国問題について日本の立場を伝えるのは日本大使の権利でもあれば、職責でもある。一体誰の指示でこんなことを言ってくるのか」

こう反論して欲しかったと切に思った。

外務省だけの問題ではないだろう。今の霞が関の多くの官僚に根付いている事なかれ主義、即興で理路整然と反論することさえ碌にできない口頭のプレゼンテーション能力の決定的な欠如、その背後にある知的怯懦と危険回避性向を改めて目の当たりにし、暗澹たる思いにとらわれた。

「野党リーダーの発言への言及」

前記のメッセージで言及されていた「野党保守連合リーダーの発言への言及」の意味を説明しておく必要があるだろう。

こういうことだった。

私が着任以来発出してきた広報レター「南半球便り」がある。日本における豪州の存在感、豪州における日本の存在感の双方を引き上げるべく、ささやかながら自らの発案で続けてきた広報努力でもある。大きな行事を実施した際や、外交上の節目を迎えるたびに、私が日本語で散文調に起案し、優秀な豪州人現地職員が英語に訳して、大使館ホームページに掲載してきた。日本語、英語の双方で対外発信に努めていた次第だ。（なお、そのうちの五十余話を抜粋した本が文藝春秋社から二〇二三年七月末に出版された。）

その「南半球便り」の第八七号で「台湾海峡情勢と豪州」と題して、豪州の台湾問題への関わりを取り上げた。文中では、二〇二一年の保守合同政権時代にナショナル・プレス・クラブで行われたダットン国防大臣（当時。現在は野党保守連合リーダー）の講演に言及していた。というのも、ダットン大臣の発言振りが豪州の歴代国防相の中では明らかに踏み込んでおり、長年東シナ海の問題への関与を避けてきた感がある豪州として、日本にとって望ましい形で関心と関与を示してくれたからだった。

具体的には、前述のとおり、ダットン大臣は台湾海峡情勢に強く警鐘を鳴らし、「台湾がとられれば、次は尖閣だ」とまで喝破した。そして、尖閣諸島への言及に当たっては、「尖閣」と日本側呼称のみを使用し、中国側名称に言及することは一切なかったのである。

私は、この一連の発言を広報レターで取り上げるとともに、尖閣諸島の領有権について国際法的には全く野放図な相手方（中国側）主張を退ける姿勢を明確にしたと記述した。

釈迦に説法ながら、ここまで日本の立場への理解と支持に溢れた発言をしてくれた欧米諸国の政治家が今までいなかったことを踏まえ、それをきちんと記録に残し、今後のベンチマークとして設定すべく光を当てたのである。日本大使として当然の仕事だ。

とりわけ、発言当時のダットンは野党リーダーとして政治的発言をしたのではなく、現職の国防大臣としての発言、すなわち、所管大臣として豪州政府を代表しての発言であったはずである。くだんの「干渉」を行った豪州政府筋は、国防大臣としてのダットン発言までをも俎上に載せて、二度と言及しないよう日本大使に圧力をかけてきたのだ。ここに問題の深刻さがある。

反論と周囲の反響

そこで、先方のメッセージを伝達してきた大使館員に対し、私は即座に指示した。

「ダットンのあの発言を引用したことが問題というならば、当該発言は国防大臣としてのものであって、野党リーダーとしての発言ではなかった。豪州政府の一員があの発言を問題視するなら、『豪州政府はダットン発言から立場を変えたのか？』と質してくるべきだ」

実際、後刻このように問い質した館員に対して、当該メッセージを発してきた豪州政府筋は、確たる答えを持ち合わせていなかったと聞かされた。

同時に、余りに不可思議で尋常でない申し入れを受けた以上、気のおけない何人かの豪州政府内外の知人から、本件やりとりについての意見を内々に聴取してみた。その土地ならではの相場観を踏まえなければならないからだ。

顛末を聞いた誰しもが一様に啞然とすると同時に反発した。

「そのような申し入れは下僚が独断でできる話ではない。政治レベルから降りてきたに違いない」

ダットン発言を「野党リーダー発言」とフレーミングして忌避している点からも、背後には党派的な争いがあることが十分にうかがえた。

かつて豪州外務貿易省の中堅幹部だったシンクタンカーは、自分の経験を振り返りつつ述懐した。

「あきれてしまう。そんな露骨な申し入れは日本大使にだけして、中国大使にはしていない筈だ。そのこと自体が不公平だろう」

そして、ある元駐日大使に至っては、「そのようなことがあったのであれば誠に残念であり、申し訳ない」とまで詫びを入れてきたのだ。

本件の展開に当たって最も暗然としたのは、本来政治的に中立であるべき筈の公務員の一員が与野党の政争の片棒を担ぐような申し入れをしてきたところだった。そんな私を長年のキャンベラ・インサイダーは、こう言って慰めてくれた。

「シンゴ、豪州連邦政府の人間は大抵が労働党シンパだから、致し方ない。保守連合政権が下野して労働党政権が誕生したときの彼らの喜びようは尋常でなかった」

「ただ、今回のメッセージの伝達者が次官や副次官といったハイレベルでなかった点が興味深い。両者とも、日本大使に尋常でない申入れをする役回りから逃げたんだろう。政治レベルから降りて来て、仕方なく下のレベルでやったのではないか」

舞台裏を知る由もないし、こんな不愉快な申し入れの背景について心砕いて分析するのも気が進まないが、得心に値する分析だと受け止めた。

もちろん、この程度の干渉を受けたぐらいで、意気消沈して外交活動をスローダウンさせるわけにはいかない。むしろ、私としては、こうした明らかに不当な容喙と干渉を受けた以上、豪州にあっては日本が発信をしなければいけないとの信念を強めることになった。「特別な戦略的パートナー」であることを対外的に喧伝してきた日豪両国だ。それだけに、互いの耳に痛い聞きたくない話を含めて直言しあわなければならない筈である。

また、外交に対する国民の理解と支持が必須なパブリック・ディプロマシーの時代に生きている我々としては、外交当局間で水面下の話をするだけではなく、こうした一般世論の賛同を必要とするような大きな方向性の問題については、公の場で議論を尽くし、外交政策を確固とした基盤の上に展開していくことが何よりも肝要だと考える。

第8章　反撃

オーストラリアン紙のインタビュー

こうした状況でたまたま飛び込んできたのが、旧知のベン・パッカム記者によるインタビュー依頼だった。

豪州では、クリスマスから一月二十六日の「オーストラリア・デイ」までは夏期休暇期間。サンタクロースが橇ではなくサーフボードに乗って登場するようなお国柄ならではだ。この期間、マスコミも概して「ネタ枯れ」となる。そこで政治・安全保障問題をカバーしてきたベンとしては、二〇二三年一月初頭に、他国の大使ではなく日本大使のインタビューを行いたいとの希望を伝えてきたのだ。

このあたりが豪州大使としてやり甲斐を感じるところだ。与えられた機会をどう活用するかは個々の大使の意向と能力にかかってくるが、日本大使の頑張り次第では、キャンベラに数多《あまた》いる各国大使の中で三本の指に入る重要大使となり得るのだ。実際、インタビュー依頼や講演依頼が引きも切らない。特に、私は着任以来二年間、原則として、こうした依頼に対して基本的には即決で「イエス」と応じてきた。そのため、「断らない大使」「逃げない大使」との評判が広がり確立していた模様だ。そうして確立した世評が、さらなる依頼を呼び込んでくるのである。

今回も、そうした依頼の一環だった。むろん、即決で快諾。

時節柄、先方の関心の所在が中国問題にあるのは、火を見るよりも明らかだった。

タイトルは「中国の言い分の棘に気をつけよ」

保守系のオーストラリアン紙のインタビューに臨むに当たって、私が吟味して発信することとした主たるメッセージは、次のラインだった。

「中国の対応、レトリックの軟化を歓迎。これは党派を超えた豪州の毅然とした強靱な対応の成果。同時に、未だ何ら根本的な変化が政策面で見られていないことも確か。中国の変化が言葉だけでなく、具体的行動、措置につながることを期待」

言い換えれば、豪中関係の好転を歓迎しつつも、「お気をつけ遊ばせ」というメッセージを如何に洗練された形で、かつ、押しつけがましくない形でインプットするかが最大のポイントだった。中国の経済的威圧という、とてつもない圧力に晒されながらもここまで毅然と対応してきた豪州がにわかに豹変し、「法の支配」という原則を曲げて、現実的・政治的妥協に走ることがないよう、突っかい棒を打っておくべきという意識だ。

インタビューに基づく記事は、オーストラリアン紙（二〇二三年一月十日付）の一面トップに掲載された。外国大使の発言の扱いとしては破格だった。

保守系の同紙ならではのスピンがかかっていた。それは、パッカム記者がつけた見出しだった。

「中国の言い分の棘に気をつけよ（“Beware of the sting in China’s tale”）」

刺激的だが、何とも含蓄深いものでもあった。

勿論、インタビューの中で、私はここまであからさまな発言はしていない。用心（vigilance）の必要性を一般論として説くに止めていた。だが、見出しは新聞社側の解釈・創作だ。加えて、この見出しは巧妙な掛詞《かけことば》でもあった。「言い分（tale）」の発音は、「尻尾（tail）」と同じ。すなわち、気をつけるべきは中国の言い分であると同時に、ドラゴンの尻尾でもあるという掛詞だった。今風に言えば、戦狼の尻尾かもしれない。

中国の微笑外交に晒され揺さぶられがちな豪州世論を覚醒する役割を果たさんという、同紙ならではの試みとも言えた。実際、当日の同紙社説は、日本大使の主張を支持した。

アボット元首相、ポール・ディブ豪州国立大学名誉教授（元国防副次官）をはじめとする何人もの豪州の有識者から直接私に対して賛辞が届けられた。党派を越えた反響でもあった。

「またやったな、シンゴ。素晴らしい」

ダットン野党保守連合リーダー（元国防大臣）に至っては、わざわざ私に電話をして祝意を伝えてくれた。豪州にあって、このように戦略認識、ものの考え方を共有する同志たちの存在こそが本当に心強くありがたいものであり、日本の財産でもあった。

中国大使の異例の口撃

だが、またしても、事はそこで終わらなかった。

オーストラリアン紙に私のインタビュー記事が出た一月十日昼、中国の肖千大使は、異例の年頭記者会見を大使館で行った。微笑外交の一環として企図したのだろう。白昼の記者会見だったにもかかわらず、まだ中国が輸入規制している豪州の赤ワインをなみなみとついだワイン・グラスを片手に掲げながら、並み居る記者相手ににこやかに乾杯の音頭をとった。その姿は、広く豪州中にテレビ放映された。現場にいた豪州人記者の何人もが乾杯の音頭に戸惑い白けた表情を浮かべていたのは、テレビ画面を通しても明らかだった。

記者会見の席上、豪中関係の今後の展望について楽観的な見通しを開陳した中国大使。

だが、記者との質疑応答に移ってから様相は一変した。

同日の朝刊に大きく報じられていた私のインタビュー記事についての感想を求められ、肖大使は我慢ができなくなったように息せき切って批判を始めた。現場にいた豪州人記者の多くが、大使による公開の場での他国の大使に対する極めて異例な個人批判であるとして、目を丸くした。

中国大使はここまで言い切った。

「日本大使は自分の仕事を適切にしていない」

斬って捨てるかの如き発言だった。豪州と中国との関係改善を妨げていると言いたかったらしい。

むろん、豪中関係は私の担当するところではない。私がしていたことは、豪州も日本も直面している共通の課題である中国の台頭がもたらす種々の挑戦について日本の立場を伝え、価値と戦略的利益を共有する豪州と摺り合わせをすることだった。「仕事を適切にしていない」などと中国大使に言われる筋合いは全くなかった。日本の大使が仕事を適切にしているかどうかは日本政府と国民が判断する事項であって、中国大使が判断するなど僭越の極みでもあった。

歴史カードの振りかざし

だが、例によって、中国による個人攻撃は、そこで止まらなかった。

中国大使はこう続けたのだ。

「日本大使は歴史をよく知らないようだ。第二次大戦中、日本は豪州を攻撃し、ダーウィンを爆撃し、豪州人を殺害し、豪州の捕虜に受け入れがたい扱いをした。日本政府は謝罪もせず、間違いを認めない。（豪州人に対し）あなた方を脅かす者は、再び脅かすかもしれない」

あいも変わらない歴史カードの政治的利用だった。国際場裡で日本と問題が生じるたびに中国が頼るのが、この歴史カード。大東亜戦争中の日本の行動がいかに非道であったかと口を極めて罵り、道徳的優位に立とうとする。特に、聞き手が欧米諸国の場合には、戦争中に中国が連合国側に立っていたことを強調し、日米、日英、日豪など戦後和解を達成し、価値と戦略的利益を共有してきた国々の関係に楔《くさび》を打ち込もうとする。戦狼外交の登場に遥かに先立って従来から駆使されてきた中国外交の常套手段だった。

ここで瞠目されるのは、中国による反撃の担い手となったのが中国大使だけにとどまらなかった点である。

ジョン・メナデューという、豪州メディアが極左評論家と称する人物がいる。中国との国交正常化を実現した労働党のホイットラム首相の側近であり、一九七〇年代には駐日大使をも務めた。今となってはおよそ理解しがたいことであり、在豪州の日本人ジャーナリストからも厳しく批判されてきた点だが、かつて日本政府から何と勲章を授与されたこともある。八八歳になった今でも、自らのブログで盛んに親中・媚中的で反米・反日的言動を繰り返している。

そんな人物なので、豪州の元駐日大使のひとりからは、「メナデューは自分の後任の歴代駐日大使の仕事の仕方にもあれこれと口うるさく注文をつけ続けてきた。そのため、豪州政府からは全く相手にされていない」との評価を聞かされたこともある。

そのメナデューが中国大使による攻撃と軌を一にして、面識さえない私への個人攻撃を強めたのである。

「日本大使の山上信吾は、反中。キャンベラの日本大使公邸は反中派の牙城になっている」

誠に次元が低いレッテル貼りだった。

倍返し

反撃の時が来た。

中国大使の突然の日本大使批判を受け、豪州テレビ局から私へのインタビュー依頼が殺到したのだ。チャンネル7、チャンネル9、ABCテレビ、いずれも今まで関係を培ってきたテレビ局だ。

日本の外交官には、ここで逃げる者が多い。彼らの発想では、テレビの生インタビューに応じることなど「リスクが高すぎてとんでもない」ということになる。その上に、題材が中国との「場外乱闘」に近い言論戦だ。日本国内左右両方の勢力から予想される批判に身がすくみ、安全策をとってインタビューに応じないことになる。

すなわち、中国を叩きすぎると、当の中国だけでなく、日本国内の親中派や左派から「やり過ぎだ。あれで外交官か」と批判される。叩く力が弱いと見られると、日本国内の嫌中派や右派から「情けない。あんな反論しかできないのか」となじられる。どちらに転んでも報われない、だから止めておこう、というのが通常の外交官の思考回路だ。知的怯懦と危険回避に他ならない。

しかし、「非常に貴重な広報機会」というのが私の受け止め方だった。このインタビューがないと、中国側の言い分だけが翌日の新聞報道を独占することになってしまう。日本の言い分をしっかりとインプットしておかなければならない。そのためには、生放送のインタビューはむろんリスクは高い、しかし、自分の発言がテレビ局によって編集されることなく生の形で伝えられるので、効果的でもある。プラス・マイナスの計算をすれば、インタビューを受けない手はない。これが私の思考回路だった。

同時に、メッセージには細心の注意をした。訴えるべき聴衆は、中国の反日勢力ではない。日本の親中派でもなければ、嫌中派でもない。テレビを見ている豪州の一般大衆なのだ。

彼らに何を訴えるか？　日本と中国が痴話げんかをしているような印象を与えることは、日本の得にならない。この機会に、どちらの言い分が説得力をもっているのか、さらには、どちらの国が豪州にとって信頼できるのかを浸透させることこそが、インタビューの大目的だった。

そこで、私が信頼する大使館の豪州人現地職員を含め、関係者に大使室に参集してもらった。伝達すべきメッセージを練りに練るのだ。繰り返すが、教訓は、この手の突発的に生じた広報事案については、本省の指示など仰いでいたら間に合わない。東京から累次伝えられてきている一般的な発言応答振りの枠を越えないよう注意しつつ、現地の事情に即した形で、パンチ力ある形でメッセージを発出するのだ。そのためには、衆知を集める必要があった。

相談の結果、ラインは決まった。

まず、中国大使の個人攻撃については取り合わない。ただし、日本お得意の「ノーコメント」と応じるのでは、言われっ放しで先方のポイントになりかねない。そこで、ユーモアを込めて斬り返し、懐の深い大人の対応を見せつけることとした。

「中国大使のコメントを聞いて当惑している。(「自分が適切に仕事をしていない」などと言われると) 東京の上司の説教を聞いているようだ(笑)。だが、私は中国大使のいかなる具体的発言についてもコメントする気は毛頭ない。というのも、今は対話の時期であって、非難応酬の時ではないからだ」

日本国内のいわゆるネトウヨ連中の中には、上記の「当惑している」の部分だけを捉えて、私の反論が弱いなどと非難する者がいたが、心外である。全体の文脈を理解すべきだ。感情の赴くままに反論しているようなやり方では、豪州の大衆の気持ちは勝ち取れないのだ。

相手の土俵には乗らない

次に歴史問題だ。

ここに日本国内に多く見られる誤解がある。

特に、媚中派のみならず、嫌中派の間でも誤解がひどい。

媚中派は、日本が謝罪していることをしっかり説明すれば良かったなどと主張する。嫌中派は、私がしっかりと反論しなかったと批判する。匿名という安全地帯に隠れた上での無責任な批判だ。これらの者の多くが生来から内弁慶なのか、過激な攻撃をネット上で繰り広げるものの、実名で表に出て正々堂々と議論しない連中だから、仕方ないのかもしれない。

私に言わせれば、両者とも的を射ていない愚策である。

村山談話などを引き合いに出して、「日本は謝罪しています」などと言ったら、戦狼たちが用意した土俵に乗ってしまうだけだ。「でも、謝罪に誠意が籠もっていない」「補償が不十分だ」といった二の矢を招き守勢に立ち続けるのは、これまでの歴史問題を巡る論争の経緯を見れば想像がつくだろう。

正面からの反撃は、日中二国間でのクローズドのセッションであったならば、いくらでも展開できる余地はあったろう。「日中では歴史問題が何度もぶり返しているが、日豪では戦後和解が達成されていること」を強調するのも一案である。また、「歴史」「歴史」と言うが「中国の歴史問題に対する対応こそ恣意的で選択的ではないか」という斬り返し方もある。

ただ、繰り返すが、今回の訴求対象は豪州人だ。せいぜい二、三分のインタビューの中で、「日本大使が言っていることの方がもっともだ」と思わせられるかどうかが勝負なのだ。

そこで、的を絞った。要は歴史問題には深く踏み込まない。ただ、逃げでなく攻勢防御をする。すなわち、中国大使による歴史カードの使用が論点のすり替えであることを意識させ、本来の議論の土俵に戻すのだ。

具体的には、「平和を愛好し、ルールを遵守する戦後日本の歩みは誰しもが理解している」とした上で、「今の課題は八〇年前に起きたことではなく、この地域で現在起きている威圧や威嚇にどう対処するかだ」と指摘することとした。

換言すれば、相手が「おいで」「おいで」と手招きしている喧嘩の土俵に上ることはせず、歴史カードを「無力化」し、日本が戦うべき土俵に引き戻すという戦術である。お人好しの日本外交官の中には、面の皮を厚くして、このあたりの斬り返しを冷然とできる胆力を兼ね備えた人間がまだまだ少ないように思う。国全体として、歴史認識の一定範囲での平準化と並んで、プレゼン力の抜本的向上が必要だと痛感している。

反響

インタビューは一月十日から翌十一日にかけて各局で放映された。とりわけ、豪州で最も大きな影響力を誇るABCのニュース・チャンネルでは何度も繰り返し放映された。

反響は、日本側にとって満足いくものだった。

キャンベラを代表する有力シンクタンクである豪州戦略政策研究所（ASPI）のブリストウ戦略・政策副部長（元在豪州英国大使館員）は、日本大使の反論を「外交手腕の極み」(masterstroke) と絶賛してくれた。

心強く感じたのは、豪州のジャーナリスト達が、「今の日本が豪州を侵略する訳がない」と、中国大使による歴史カードを振りかざした言説に全く惑わされなかったことである。アルバニージー首相も、記者からの質問に答えて、日豪関係、とりわけ安全保障上の協力関係の重要性を強調してくれた。

歴史問題では、日本人が反論するよりも、中立的な立場に立つ第三者が反論した方が説得力を持つケースが多々ある。そのような展開に進んだこと自体は成功と言えよう。

また、本邦では、時事通信が日中大使同士のやりとりを報じ、日本大使が中国大使を「論破」したとの見出しをつけていた。

むろん、外交官は論戦に勝って溜飲を下げるために仕事をしているわけではない。ただ強調したいのは、いつ何時、自国を貶め、自分たちの仕事ぶりを厳しく批判する言説が飛び交うかわからない、生き馬の目を抜くような世界に住んでいるということである。

すなわち、常在戦場。そして、いったんことあれば、慌てふためくことなく、適時適切に日本を守り売り込むメッセージを理路整然と発信する。高度の緊張感と研ぎ澄まされた細心の注意力、そして切磋琢磨された知的能力を要する、やりがい溢れる営みだと思う。

親中左翼からの執拗な人格攻撃

だが、戦狼とその仲間たちとの応酬は、またしてもここで終わらなかった。

否、終わらせてはいけないと考えたのだ。

というのも、自国への輸入を制限している豪州ワインで仰々しく乾杯した中国大使は、またしてもオウンゴールで豪州での株を下げたが、退治しておくべきはこの大使の反日言動だけではなかったからだ。

「反中」のレッテル貼りを日本大使にしてきた筆頭がジョン・メナデューであったことは先に言及した。事情通に裏話を聞いたところ、同人は、痛烈に日本大使を批判する自分のブログの記事を主要紙に掲載させようと持ち込んだが、オーストラリアン紙やオーストラリアン・ファイナンシャル・レビュー（AFR）紙といった主要紙には断られた、そこで、タブロイド紙に近いキャンベラ・タイムズに持ち込んで、掲載させたとのことだった。

問題は、その際、元駐日大使という肩書きと勲章叙勲者という実績を強調し、日本大使は「反中」だが、自分の主張それ自体は「反日」では決してないとの証明材料として使おうとしていたことだった。

これに先立つ数ヶ月前には、ジェフ・レービーという、広く親中左翼人士（元駐中国大使）として豪州言論界で知られてきた論者が、その論説の中で、日本大使が豪州における反中感情を煽っているなどと、謂《いわ》れない批判を展開していた。

ただ、不穏な動きは左翼陣営だけにとどまらなかった。

日頃から懇意にしている欧州の極めて有能な大使からは、「ご注進」が来ていた。

同大使が豪州外務貿易省中堅幹部と懇談した際、この大使が「間違いなく今のキャンベラでナンバーワンの大使は日本大使」と述べたのに対し、当該幹部は「そのとおり。でも内政に関与しすぎる」などとして、ケチをつけるような発言があったとの情報だった。

以上総合するに、ここまで組織的なディスインフォメーション・キャンペーン、人格攻撃にさらされて日本大使の発言の信用度と評価が問われているとき、「事を荒立てず」「分かってくれる人は分かってくれる」などと気取って黙り続けることは、到底上策とは考えられなかった。第1章でみたとおり、戦狼は論争を食べて生きながらえているのである。

大使みずからオーストラリアン紙に寄稿する

だが、日本大使館内で対応を議論しても、外務省出身の館員の多くは、何らアクションをとろうとはしなかった。

先頭に立って率直な発言を続けている大使の問題であって自分たちには関係ないと腰が引けたのだろうか？　これ以上、議論をすることによってさらに深みにはまるとでも恐れたのだろうか？

おそらくは、その双方だろう。館員からは、「メナデューなど相手にしても仕方ない」との豪州人有識者のコメントを拾ってきては大使に伝える状況が続いた。

だが、我々が照準を絞るべき標的はいちメナデューなどではなかった。レービーでもない。彼らはいわば確信犯で何を言っても変わらないし、変わることなど期待すべきではない。

その意味では、戦狼と同じ穴のムジナだろう。

問題は、彼らの言説にさらされて影響を受けかねない一般の豪州人なのである。この層こそが明日の豪州外交の方向性を決めるのであり、日本や中国との関係の重要性を判断していくのだ。その層に、きちんと日本の考え、ものの見方をインプットしていく努力を怠るべきではないというのが、私が考える大使の職責であり、外交官としての信念でもあった。

さいわい、日本批判派の言説がメディアで報じられた際には、日本側の言説をアンチテーゼとして提示する格好の機会である。両論併記が客観的公平性を売り物にするメディアの大前提だからだ。「事を荒立てず」などという日本的で大人しい配慮に重きを置いて見送っていたら、折角の広報機会を逸してしまう。日本外交の最大の弱点の一つだ。

結局、大使館員の誰も反論を書こうとしないので、オーストラリアン紙に寄稿する論文を、週末を返上して自分で書き上げた。

ポイントは、日本大使を「反中」「内政干渉」と騒ぎ立てて貶め、中国の肩を持つ輩への強烈な鉄槌だ。だが、メナデューの「メ」の字も、中国の「中」の字も出さない。大使たる外交官の心構えや仕事の仕方を論じ、大所高所から日豪の協力関係の重要性を訴える小論とした。

具体的には、「反中」という論点については、日豪が目指しているのは特定の国を敵視することではなく、もっと大きな構図、すなわち、「自由で開かれたインド太平洋」という法の支配に基づく秩序作りであることを強調した。そして、こうした秩序は、地域のすべての国（中国を含むという含意）にとって利益となるという点を付言した。

また、石炭やガス分野で豪州の連邦・州政府が講じている一方的な措置（石炭ロイヤルティーの料率引き上げ、ガスの豪州国内供給優先政策等）が日本企業の大きな懸念を招いており、そうした日本の関係者の懸念を伝える私のコメントが「内政干渉」などと一部から指摘されていることに対しては、日豪経済関係の緊密度、日本の貢献度を、数字を挙げて強調。豪州の経済政策を決める上で、日本企業の立場等を考慮に入れることの重要性を訴えた。むろん、豪州の政策、予算の使い道等の決定は豪州の政府と国民にゆだねられていることは当然の前提であることも強調した。

寄稿に当たっては、豪州人読者に説得力を持つよう、いちいちの単語の選定を含め、大使館の豪州人スタッフと額を突き合わせて綿密に相談した。彼らの知恵も借りつつユーモアもちりばめて書き上げた。

私の寄稿は、二〇二三年一月二十日付のオーストラリアン紙に「緊密な友人はオープンな外交で地域の強化に協力する」との見出しで掲載された。

結果は？

大成功だった。

この小論は豪州社会から大きな好意的な反響を呼ぶこととなった。

大使館からオーストラリアン紙に依頼したのに対し、寄稿が直ちに掲載されたことも重要だった。背景には、日頃からの同紙記者との設宴を通じた人間関係の構築、そして先方の要請・依頼には常に前向きな対応を重ねてきたことが、与かって力あった。

こうした事例を目の当たりにした大使館員、外務省の後輩の多くが、打って出る広報の大切さを身にしみて学んでくれたであろうことを切に期待している。

広報レター・SNSの活用で説得力を増す

戦狼たちとの言論戦を勝ち抜くに当たって重要なことは、日頃からの努力の積み重ねである。

特に、自らの説得力を増し、立場を強くするための努力が欠かせない。言い換えれば、「あの大使の言っていることは信用できる」との評価を確立するように日々努めておくことが、戦狼とのバトルの際に味方を増やし、審判の判定を有利に働かせることとなるのだ。

そうした観点からは、受入国である豪州の政府、豪州人社会との関係に特段の気を配り、信頼関係を構築しておく必要がある。

そこで重要となるのが、常日頃の発信である。

広報レターやSNSで常に中国との論争ばかり展開したのでは、見ている方も倦んでしまう。むしろ、駐豪州の日本大使としては、日頃は日豪関係の増進に腐心している姿勢をしっかりとインプットしておくことが重要となる。

特に、外交官としての出発点は、「この大使は、任国のことが好きなのだ」という印象を植え付けることである。というのも、誰しも、自分の経験に照らして考えれば、自分の国のことを好いていない外国大使の言い分に耳を傾けようという気など、起こらないからだ。むろん、「あばたもえくぼ」などと任国のことを万事礼賛するのは考えものだし、これでは日本本国からの信頼を却って損ないかねない。他方、大使としての言い分をまずはしっかりと聞いて貰い、そして理解者と味方を増やしていく上では、「この大使は自分の国が好きなのだ」という印象を持って貰うことが必須である。

豪州での経験で興味深かったのは、広報レターにせよ、ツイートにせよ、豪州一般人の関心に沿った身近な生活ネタほど、反響が大きかったことである。例えば、豪州で有名なマグパイという鳥を扱ったものや、豪州人が憧れている大陸横断鉄道を扱った際には、爆発的な数の「いいね」がつき、好意的反応が引きも切らなかった。「日本の大使が豪州の生活になじんできた証拠で、結構なことだ」「豪州のことをこれ程までに紹介して貰い、有り難い」といった反響が典型だった。

こうした日頃のやりとりの積み重ねを通じて、「あの大使の言うことは面白い」「あの大使は、豪州ファンだ」という印象が広がると、自らの主張の訴求力が増すことは間違いない。

よく考えてみれば当たり前でもある。自分の都合の良いときだけ話を聞いてくれと言っても、そう簡単に問屋は卸さないものだ。日頃からの積み重ねがあってこそ、いざというときに仲間になってくれるのである。

夫婦同伴の効用

親の介護や子供の教育のために単身赴任が増大してきた日本の外務省で理解が全く足りないのが、外交行事に夫婦で臨むことの重要性である。

東京で各国大使館主催のレセプションに単身で出るのとは訳が違う。在外公館、特にパートナーとペアで行動することがままある欧米や豪州のような国にあっては、夫婦単位で動くことの重要性は強調してもし切れない。男一人で行動しては限界がある人脈が、夫人同士のつながりで広がることは、しばしばである。言い換えれば、男一人では決して開かなかっただろう任国社会のサークルの扉が、夫人と共に押せば開くこともあるということなのだ。

豪州で在勤して感じた日本の財産は、日本人女性に対する信用と好意である。長らく豪州暮らしをしてきた在留邦人の中には、冗談交じりに「日本人男性と日本人女性は違う人種であるかのように扱われる（笑）」と喝破した人までいる。

そこで、私は地方に出張する際や、講演をする際、できる限り妻を同伴するようにした。明らかに迎える相手の相好が崩れ対応が丁寧になるし、こちらが少々相手の耳に痛いことを言っても、相手の反応が軟化しがちであることに刮目の思いがしたものである。

いわば、家内が善玉（グッドコップ）で、私が悪玉（バッドコップ）であるかの如き役割分担だった。国として持っているものはすべて活用して行うのが外交であるとすれば、この要素こそは捨ててはおけないと痛感したものである。

だが、今の外務本省では、在外公館長ポストをやらずに幹部ポストに就くケースが益々増えており、かつ、次官を務めた人間が大使ポストを一度も経験することなく退官していくケースも増えている。そうした「在外軽視」の風潮によるのだろうか？　配偶者の役割の重要性に対する決定的な理解不足には、しばしば慨嘆させられたものである。

その最たる例は、いちいちの豪州国内出張の際に、配偶者を帯同する理由を本省に説明して許可を得なければならなかったことだ。夫婦で動くのが通例である国で不要なペーパーワークを強いるものであり、こうしたことこそ事務の合理化の一環で簡素化すべきだろう。

第9章　戦狼と仲間たちからの執拗な逆襲

バック・トゥー・ビジネス

二〇二三年二月になり、キャンベラに人が戻ってきた。

南半球のキャンベラでは、十二月のクリスマスから一月二十六日のオーストラリア・デイまでは基本的に夏期休暇期間である。議会会期中のみキャンベラに滞在している連邦国会議員は勿論として、通常はキャンベラに在住している政府官僚や学者、シンクタンク関係者など、多くの人間が首都を離れ、オージーが大好きな海岸沿いで長期休暇をとることとなる。要職にある人間を含め、二週間から一ヶ月の休みをぶっ続けで取る人間が珍しくないところが豪州らしい点だ。

嬉しいのは、休暇滞在先、観光旅行先としての日本の注目度が年々高まっていることだ。今シーズンもエネルギー大臣、国防次官などの要人が家族連れで日本に観光旅行に赴いてくれた。

私の知り合いの豪州室内管弦楽団のバイオリン奏者のリチャード・トネッティとサトゥ・ヴァンスカも日本好きのオージーだ。ニセコのリゾートマンションに籠もってスノー・ボーディングに興じていたかと思うと、別のオージー富豪が建てた軽井沢あさまテラスの室内プール付き豪邸で年始を楽しんだという。私たち夫妻も招待して貰ったが、残念ながら豪州を離れることができなかった。

そんな豪州でも二月になると人が戻ってくる。気分転換に成功し、ギアを入れ替えて仕事モードに戻る感がある。

「正常化」を象徴する行事が二つ続いた。

ひとつは、旧知のトニー・アボット元首相から、仕事始めのパーティーに呼ばれたのだ。二〇二二年の旭日大綬章受章、安倍元総理の国葬出席などを通じて、トニーとは密接に連絡をとりあってきた間柄だ。ことあるたびに含蓄深いテキスト・メッセージを欠かさない筆まめ振りに、律儀な性格と併せて、元ジャーナリストとして鍛えられたキャリアを感じさせる。

そのトニーがシドニーのビジネス街にそびえ立つランドマークの「マーティン・プレイス」の高層階で開催したレセプションに私を呼んでくれた。政界を引退した今なお、自由党や財界、メディア等に熱心なサポーターが多いトニーならではのオフィスだ。シドニー湾名物のハーバー・ブリッジを見下ろす絶景。こんなオフィスで仕事をしていたら、「自分がシドニーを動かしている」と気宇壮大になれるような環境だった。

出席者が全体で五〇人程度の比較的小規模なレセプション。大半は自由党関係者、しかも地元のニューサウスウェールズ州政府閣僚などの政界大物が多かった。加えて、ポール・ケリー・オーストラリアン紙編集主幹、マーク・ベイリー・シドニー大学米国研究センター理事長、トム・スワイツァーなどの保守系言論人がきら星の如く揃っていた。

そんな中に招かれた外国大使は、日本大使だけ。「求めれば開かれん」かの如き豪州社会を象徴するような社交行事だった。

出席者との話題の大半は、近づくニューサウスウェールズ州の選挙見通しと並んで、アルバニージー政権の対中国政策をどうみるかという視点だった。中国の微笑外交を受けて、野党自由党関係者の間に懸念が高まっている様子が感じられた。

自由党部会への招待

シドニーからキャンベラに戻るやいなや呼ばれたのが、野党自由党の外交・国防関係議員の会合だった。

日本の自民党で言えば外交、国防部会に当たる会合だ。外国大使に声がかかる機会など、まずない。ところが、仕切り役のバーミンガム影の外相（元貿易相、前金融相）と面識があったこともあり、日本大使を呼ぼうということになったそうだ。

サイモン・バーミンガムとの関係は数年をさかのぼる。保守連合政権で貿易大臣を務め、地域的な包括的経済連携（RCEP）協定交渉を強力に推進したのが、やり手のサイモンだった。特に、交渉終盤の大事な局面にシンガポールで行われた閣僚会議で、交渉参加国の数多い閣僚の中でも、ひときわ水際立った交渉手腕を発揮していた姿は、鮮烈な思い出だ。当時の私は外務省経済局長。その場に立ち会っていたが、貿易交渉の細かいサブスタンスの把握力、交渉会合での沈着冷静・理路整然としたプレゼンテーション能力は、強く印象に残った。

キャンベラに赴任した後、日本大使公邸での夕食会に来てくれたサイモンにその話を伝えたところ、満面の笑みを浮かべて喜んでくれた。外交官のキャリアの過程では、他国の人間と一度交わった軌跡が、数年後に予期しない形で再び交わることがある。彼との関係では、そうした縁を感じていた。

部会での議論

自由党の部会には、影の外相のバーミンガムに加えて、アンドリュー・ウォレス前下院議長、デービッド・フォーセット前上院外交委員長、バーナビー・ジョイス前野党国民党党首など、外交・安全保障分野での大物議員が一五名近くも出席していた。

冒頭発言を求められた私からは、日豪関係の最近の進展振りを強調するとともに、中国への対応で日豪が緊密に連携を図り、ゆめゆめ「サプライズ」がないようにすることが緊要であることを強調した。

流石に論客揃いの部会だけあって、列席の議員たちからの的を射たコメント、質問は引きも切らなかった。特に議論が活発に行われたのが中国のCPTPP加入申請に対する対応だった。

ある議員は、おそらくは頭の体操的に聞いてきたのだろう。

「確かに、CPTPPはハイレベルの規律を定める貿易ルールだが、中国を加入させてルールに沿った行動をとるよう教育していく意義はないのか」との質問が寄せられた。

政治家相手のこのような非公式な場では、とにかく端的に答えることに限る、というのが、私が役人人生で得た教訓でもある。シロクロつける責任を回避しようとする余り、安全マージンを広くとった答弁をするのが役人の常だが、議事録に残るような国会での委員会審議ならともかく、非公式な場でもそのような回答に終始していては、理解は深まらない。二度と日本大使に声はかからなくなるだろう。

そこで、一言で端的に答えた。

「同じ議論を中国のWTO加盟の際にしたはずでは？　過去の教訓に学ぶ必要がある」

質問をしたH議員は深く頷いてくれた。おそらくは、同じことを彼も考えていて、確かめるために私にぶつけてきたのだろうと察した。

このような場が有り難いのは、発言者を秘匿する「チャタムハウス・ルール」で行われたために、かなり本音ベースに近い形で突っ込んだ議論ができることである。誰しもが聞いている、いわゆる「平場」では憚られる議論が可能になるのだ。そして、日頃からこうしたやりとりを重ねておくことが、彼我の認識のギャップを埋めて、認識の共有化を図ることにつながるのだ。

天皇誕生日レセプション

日本の在外公館にとって一年で最も重要な外交行事は、天皇誕生日レセプションだ。令和五年（二〇二三年）のレセプションは、キャンベラ赴任後三回目。日本の大使の任期がおおむね二～三年であることを考えると、これがおそらくは最後のレセプションになると予想された。

そこで、今までに培った経験と人脈を活用して、盛大でかつ充実した行事とするよう企画を綿密に練った。

中国大使の扱いがひとつの焦点になった。在豪州の日本大使館における天皇誕生日レセプションの招客としては、一義的には豪州人と在留邦人が重要だ。キャンベラに駐在する第三国の大使は、主たる対象ではない。むろん、日本国としての「ナショナル・デイ」に当たる行事なので、できる限り多くの第三国大使を呼べればそれに越したことはないが、全体の招客枠に限りがある中で、豪州人や日本人の招客とのバランスを勘案しなければならない。

そこで、私の在任中はすべての国の大使を招待することは諦め、キャンベラの地にあって日本や豪州と関わりの深い国に限ることとしていた。そうした中で、中国大使館との間では、二〇二一年七月の私のナショナル・プレス・クラブでの講演を巡る謂れなき批判、二〇二三年一月の中国大使による記者会見での個人攻撃もあり、その処遇については検討を要する状況にあった。

私の判断は簡単だった。相手が片意地を張って拗《す》ねている時こそ、日本の度量の深さを見せようではないかという腹だった。だから、着任の挨拶もないままに私を攻撃し続けるこの大使を招くことは決して愉快なことではなかったが、あえて招待してみることとした。むろん、中国が微笑外交に舵を切り、日本政府も林外相の訪中を模索しているという全体の流れの判断もあった。だが、それ以上に、キャンベラという舞台で得失を計算した場合に、招待することとしないことを比較考量した結果、招待することのマイナスが見当たらなかった。

案の定、我々の招待にもかかわらず、中国大使は前向きに応じなかった。自らは応じず、再び大使館ナンバー2の次席公使を送ってきたのだ。安倍元首相が死去した際の弔問記帳と同じ対応だった。公邸の玄関に立って、次々に到着する他国の大使を始めとする招客と挨拶を交わしていた私たち夫妻の前に現れた次席公使は、あたかも記録を残すかのように、自らの身分を明確に述べた。おそらく、上司や北京から言われてきたのだろう。虚勢を張るように背筋を伸ばし、鋭い眼光で私を見据えてきたところが印象的だった。

残念だったのは、折角出席してきた次席公使が、レセプションの式典に臨席することもなく、挨拶もそこそこに足早に日本大使公邸を立ち去ってしまったことだった。式典には、豪州政府のリチャード・マールズ副首相兼国防大臣とドン・ファレル貿易大臣が主賓として出席し、スピーチをした。また、トニー・アボット、スコット・モリソンの二人の首相経験者が駆けつけてくれたほかに、ピーター・ダットン野党保守連合リーダーも参加。その他、二人の下院議長経験者、野党自由党・影の外相に加えて、情報機関・国防軍の最高幹部がほぼ勢揃いした。そうした華やかな場での立ち居振る舞いとしては、誠に大国の代表としての度量に欠け、大人気ないものだった。

結果的には、レセプションには六百名を超えるゲストが参加。ユニクロ、トヨタ等の三十にも上る日本企業・団体の協賛を得て盛大に行われた展示やきめ細かく配慮した土産に、招客は沸いた。また、日本の着物とアボリジナル・デザインとのコラボを図った「WABORI」の着物ショー、合気道、ヤマハのドローン実演等で式典は歓声に包まれた。

キャンベラでの日本大使館の圧倒的な存在感をアピールした行事となった。翌日の連邦議会審議では、ダットン野党保守連合リーダーが天皇誕生日レセプションにわざわざ言及し、「日本大使の講演は素晴らしかった」とまで発言した。極めて異例の賛辞だった。現場からすごすごと退散した中国大使館関係者の耳にも届いたことだろう。

メナデューからの口撃

レセプションは成功裡に無事終了した。だが、またしても、事はそこで終わらなかった。メナデューが、再びブログで吠えまくったのだ。

天皇誕生日レセプションのスピーチで、私が「おそらくこれが最後の天皇誕生日レセプションになる」と述べたことに目をつけ、そこに勢いを得た模様だった。

繰り返すが、二〇二〇年十二月末の着任以来、三回目になる天皇誕生日レセプション。大使の通常の任期が二〜三年であることを考えれば、おそらく今回が最後となるだろうとの趣旨だった。一年に一回の天皇誕生日レセプションでしか会えない遠隔地からの招客もいたことを踏まえれば、不義理のそしりを受けないためにも必要かつ適切と考えて言及した次第である。

メナデューは、そこに嚙みついた。「日本大使は反中。日本大使館が反中派の牙城」という極左、親中、反米・反日で知られるブロガーらしい決めつけを改めて披露し、私の離任を手を叩いて喜んだのだ。

その上で、同人らしいベルト下のロー・ブローを放ってきた。

在豪大使館に外務本省による査察が行われたことと関連づけ、館員の士気が下がっているなどと一方的に断定し、それが故に任期半ばで大使が更迭されるかのような仮説を披露してきたのだった。

オーストラリアン・ファイナンシャル・レビュー紙上での反論

ことがひとりメナデューに限られるのであれば相手にする必要はないと考えていた。内々にアドバイスを求めた何人もの豪州人有識者からは、「名うての極左であり、旧世代の人間。いまや誰も相手にしていない」との世評を繰り返し耳にしていたからだ。だから、彼のブログでどれだけ悪辣な口撃を受けようが相手にしまい、と決めていた。

ところが、豪州を代表する経済紙であるオーストラリアン・ファイナンシャル・レビュー（AFR）の東京特派員であるマイケル・スミスが、メナデューのブログに触発されてしまった。メナデューの根拠なき主張をきちんと裏付けすることなく、かつ、私に直接接触することなく記事にしたのだ。

スミスの東京赴任に当たっては、同人が拘っていたパートナーへのビザの発給を迅速に行っただけではなく、日本赴任前にはそのパートナーを含めて日本大使公邸に招待し送別夕食会を主催して歓談した間柄だった。それだけに、誠に残念な取材ぶりだった。

同時に、AFRの記事に出た以上、日本側からもきちんと反論しておかなければならない。

大使に対する個人攻撃には取り合わないとしても、「日本大使館は反中派の牙城になっている」「日本大使館は保守連合とばかり親密に付き合い、労働党と疎遠である」「日本大使館の士気が下がっている」などとする、悪意に満ちたキャンペーンに対して、真相を説明して理解を正しておく必要があったからだ。

同時に、AFRはオーストラリアン紙とは政治的立ち位置を明確に異にしていた。中国との経済関係を重んじる財界人を多く読者層に持つ。そこを踏まえて発信する必要があった。

「反中」などというレッテル貼りに対しては、「豪州と日本は特定の国と敵対するつもりはなく、もっと大きな図柄を見ている、すなわち、法の支配に基づく地域秩序の構築のために共に協力している」と指摘した。

また、「労働党と疎遠」とするディスインフォメーションに対しては、「今年の天皇誕生日レセプションの主賓はマールズ副首相兼国防相とファレル貿易相という二人の主要閣僚、乾杯の豪州側音頭はビリック豪日議連会長と、いずれも労働党政治家。彼らに依頼したところ、快諾を得て出席して貰った」との事実を指摘した。キャンベラの他の国のレセプションでは閣僚級が出席する事は極めて稀であることを踏まえたものだ。

そして「士気が低い」などとする決めつけに対しては、「大使に対する個人攻撃は日常茶飯事だが、大使館員に対する不当な批判は受け入れられない」と強く反論した。その際、士気の高さの一例として、レセプションで非常に好評を得た大使スピーチを起案したのも日本大使館の豪州人職員であることを指摘しておいた。

心強いモラル・サポート

ＡＦＲは即座に私の反論を掲載した（二〇二三年二月二十三日付投書欄「日本の外交的成功」）。その際、私の反論を編集長に対する投書として掲載するだけでなく、フィル・クーリー政治欄編集長とマイケル・スミス東京特派員の連名で私の反論の内容を紹介する記事を紙面三面に掲載した。

旧知のクーリーに拠れば、そもそもの問題源となったスミスの記事を掲載した時点で、社内では掲載の是非について議論があった由。私からの反論を得て、バランスをとろうとした姿勢が如実にうかがわれた。

この過程で、何人もの知人からモラル・サポートが寄せられたのも嬉しかった。

中でも、親交を深めてきたトニー・アボット元首相からは、ある晩テキスト・メッセージが届いた。

「シンゴ、覚えておくとよいが、『不公平な批判は、形を変えた賛辞』だ（Just remember that unfair criticism is a compliment in disguise.）」

長年、政治の世界で揉まれてきた歴戦の勇士ならではの、何とも優しい配慮に溢れた心温まる激励だった。

また、スコット・モリソン前首相（通称「スコモ」）からは、シドニーで夕食を共にした際にこう言われた。

「シンゴ、心配するな。豪州の政界では日常茶飯事の攻撃だ。自分が受けてきたものに比べれば何ということもない」

スコモならではの励ましだった。

スコモの援護射撃は、これだけにとどまらなかった。

「先週、日本に行った際にヨシ（菅義偉前首相）と昼食を共にしたので、シンゴの応援をしておいた」とまで言ってくれた。

そして、概要次の話をしたと聞かされた。

「山上大使は豪州における日本の代表として大変素晴らしい働きをしている。大使の任期は終わりが近づいていると承知するが、個人的には、大使がより長く豪州に駐在することが日豪関係にとって有益と考える。特に、中国が地域への影響力を拡大しようとする中、日本のプレゼンスを高め、日豪協力を深化させていく上で意義は大きい。山上大使は豪州に多くの友人がいるだけでなく、戦略的な認識を非常に力強く発信している。今週の天皇誕生日レセプションに要人が多数出席していた有様を見て、強く印象付けられた」

友好国とはいえ、他国の一大使に対してこれ以上はない賛辞が首相経験者から寄せられた事実を知ったとき、非常に心強く感じた。同時に、数々の修羅場を潜り抜けてきた練達の政治家スコモの心遣いに接し、目頭が熱くなるのを抑えられなかった。

キャンベラ・タイムズ紙によるインタビュー

「私の言い分」を聞こうと配慮してくれたのは、政治家にとどまらなかった。

キャンベラ・タイムズは名うての左派系新聞だ。そもそもキャンベラは公務員が多いこともあって、「大きな政府」を志向する労働党の支持者が多いとされている。そうした読者層を持つだけに、中道右のオーストラリアン紙と比べると明らかに左派的選好を紙面にみなぎらせているのが、キャンベラ・タイムズだった。

そのキャンベラ・タイムズのサラ・バスフォード・カナレス記者が私にインタビューをしたいと申し入れてきた。

サラは天皇誕生日レセプションを取材に来ていた。そこでVIPが勢揃いしている様子を見て強く印象付けられたと語っていた。そしてキャンベラにおける日本の影響力の源泉を探りたいとして、私に取材を申し込んできたのだった。

AFRに記事が出た直後であっただけに、同記事で言及されていたことに関わる質問が相次いだ。

基本的にAFRの記事への反論のラインを踏襲しつつも、それをさらに敷衍《ふえん》して私の立場を説明する格好の機会ともなった。

特に、「大使公邸での会食を重ねて大物との人脈を築き、メディアでの率直な発言を繰り返す」との仕事のスタイルに係る質問に対しては、「日本の見解やものの考え方を伝えるのは日本大使の権利であり責務でもある」、「外交官が匿名の蓑に隠れ、密室でのディールに執心する時代は終わった。いまやパブリック・ディプロマシーの時代」、「外交官が外に積極的に出て行かず、シャンパンを飲んで通り一遍の生ぬるい会話しかしないのであれば、納税者の血税の無駄遣い」といったコメントが大きく報じられた。

また、なぜ下野した保守連合の政治家とも付き合うのかという質問に対しては、「自分のドアは与野党の別なく開かれている」とした上で、「日本は古い友人を見捨てることはしない。いったん政権を離れたからと言って、手のひらを返すように相手にしないやり方は、日本人の美徳ではないし、日本外交のスタイルでもない」と強調した。

このインタビューは、二月二十五日付のキャンベラ・タイムズ紙に「東京のスターの幕引き」という見出しで掲載された。後日、豪州人の知人から聞いたところでは、「古い友人を見捨てない」とのラインが琴線に触れた、メートシップを重んじる豪州人には極めて効果的であったという。打てば響く層がしっかりと存在していることをひしひしと感じ、勇気づけられた。

ＡＦＲの一方的な記事を見て心を痛めていたと述べてきたポール・ディブ豪州国立大学名誉教授（元国防副次官）は、キャンベラ・タイムズのインタビュー記事を見るなり直ちに私にメールを送ってきた。

〈この記事こそ、貴使が誇りにしてよいものだ〉

ディブ名誉教授こそは、安全保障問題の泰斗であるにとどまらず、同紙のインタビューに対して私を強く弁護する論陣を張ってくれた友人でもあった。まさに、豪州人の美徳である「メートシップ」を体感した瞬間でもあった。

第10章　勇気あるオージーたちの奮闘

「スパイ・パーティー」

当然のことながら、豪州を舞台にした戦狼たちとの闘いは日本大使だけのものではなかった。時代認識と志を共有する何人もの豪州の友人が、苦難に直面しつつも勇気ある行動を重ねていた。

そんなある晩、キャンベラを震撼させた発言が行われた。

二〇二三年二月二十一日のことだった。豪州治安情報機関（ASIO）本部において、マイク・バージェス長官による年次脅威評価に関する講演が行われたときだった。

ASIOは豪州におけるカウンター・インテリジェンス、すなわちスパイの取り締まりを行う情報機関。アメリカで言えばFBI、イギリスで言えばMI5と同様の役割を果たしている。国家の背骨に当たる重要な組織だ。

そのASIOを長官として率いているのがマイク・バージェス。二メートル近い長身で、筋肉質のがっちりとした体格。頭はスキンヘッド。まるで仁王さまのような容貌で、スパイを一網打尽にするとの覇気にあふれた人物だ。同時に、時にはにかんだような笑みを浮かべながら好物のサントリーウイスキー「響」を一緒に愛飲してくれる好漢でもある。

外務省でインテリジェンス担当局長（国際情報統括官）を務めていた私の自衛隊カウンターパートだった朋友・大塚海夫防衛省情報本部長（当時。その後、駐ジブチ大使）の紹介で知己を得た。キャンベラ着任以来、何度も意見交換、懇談を重ねてきた間柄であり、戦略的問題について波長が合い、気心知れた仲だった。

特に彼が高く評価してくれたのが、私が大使になってから始めた「インテリジェンス・レセプション」、別名「スパイ・パーティー」だった。一年に一回、日本大使公邸に豪州政府の情報当局幹部を招き、米英等の主要友好国大使館に配置されている情報機関要員と共に、盛大な懇親ガーデン・パーティーを始めたのだ。むろん日本食をふんだんに用意したことは言うまでもない。加えて、シャンパン、ワインはもちろんのこと、招客の多くが好むビールとウイスキーも欠かさない。こんなことをやってくれる大使館は日本しかないと、大好評を博してきた。

この企画の背景には、私の経歴が関係していた。外務省員でありながらも警察庁に出向し、茨城県警でナンバー2の警務部長を務めたこと、そして、最初の局長ポストとして外務本省でインテリジェンス担当の国際情報統括官に就任し、外務省の情報収集・分析部局を率いたことなどが下地となった。要は、かつて、「スパイ・キャッチャー」たる警察にポストを得て、かつ、その後、「スパイ・マスター」のポジションにもいたことから、豪州その他の情報当局者は私を通常の外交官ではなく、インテリジェンスに通じた仲間として扱ってくれたのだ。

実際、日本大使公邸で繰り広げられたこのレセプションには、アンドリュー・シアラー国家情報庁（ONI）長官、ポール・サイモン秘密情報庁（ASIS）長官、マイク・バージェス豪州治安情報機関（ASIO）長官、リース・カーショー連邦警察庁長官、マイケル・アウトラム国境取締機関長官など、情報・治安当局の大幹部が勢揃いした。そんな日本大使館のネットワーキングと集客力を見て、米国や英国のインテリジェンス・オフィサーでさえ目を丸くしていたと聞かされた。

閑話休題。マイクの話に戻ると、実は、彼は豪州の対中戦略の一大転換を実現するに当たって必要不可欠な役割を果たした人物でもあった。西側主要国の中で中国のファーウェイ（華為技術）社を5Gから排除したのは豪州が最初だった。時のマルコム・ターンブル首相にファーウェイ社のもたらす危険を懇々と説明し、ターンブルを翻意させたのが、当時豪州インテリジェンス・コミュニティで通信関係を担当していたマイクであることは、情報関係者の間では有名な話だった。

さて、そのマイクの発案で始まったのが、脅威評価に関する講演。カウンター・インテリジェンスとは、具体的には、豪州各地で暗躍する外国勢力によるスパイ行動を監視し、いざとなれば逮捕や国外退去に追い込む役回りだ。日々の辛抱強い地道な取り締まりを要する一方、相手国との関係では、情報の取り扱いには細心の注意を求められる。いきおい、マスコミや一般国民から見ると、「何をしているのか分からない」という不満や批判を招くことになりがちな立場だ。

そこで、マイクは一年に一回自ら新聞記者やテレビカメラの前に立ち、豪州が直面している「脅威」について率直に説明することとしたのだ。豪州を代表する大手民間通信企業テレストラでの勤務経験も有する彼ならではのイニシアティブであり、卓越した広報努力だった。そこでは、外国勢力のスパイ網を摘発した事例などが臨場感豊かに報告されるが、相手国の立場やメンツに配慮して国名への言及は控えることとされている。私の目から見ても、情報機関の活動へのマスコミや国民の理解と協力を高める上で、実に素晴らしい企画だった。

この脅威評価に関する講演には、豪州の連邦議員に加え、豪州政府の情報・外交・国防当局の大幹部が招待される。さらに、豪州と情報協力関係にある主要国の大使も招かれることとなっていた。二〇二三年の講演には、いわゆるファイブ・アイズのメンバーに加えて、日本、インド、インドネシア、シンガポールの大使などの顔ぶれが揃っていた。

マイクの気遣い

列席者を驚かす異例の発言がなされたのは、その講演の冒頭だった。

並み居るハイレベルの聴衆や主要国大使を前にして、いきなりマイク・バージェス長官が私を友人として言及したのだ。お土産で「響」を手渡したのが効いたのかと思って聞き耳を立てたら、そういうことではなかった。何と、先日の天皇誕生日レセプションでの私のスピーチを引用しながら、私のキャンベラでの任期が残り僅かであることを大変残念に思うとともに、私の当地での活躍を賞賛するという賛辞だった。

聴衆の誰もがAFRに大きな記事が出た直後であっただけに、日本大使へエールを送ったと捉えたと思う。他国の大使や豪州の主要マスコミ記者が列席する中で日本大使に言及した気遣いに、日本を重視する豪州情報当局者の姿勢を改めて確認するとともに、インテリジェンスの世界に生きてきた者同士の絆がマイクとの間で揺るぎないものとして築かれていることを再認識し、一騎当千の援軍に恵まれた思いがした。

このやりとりを聞いていたマスコミ関係者、例えばTBSシドニー支局の飯島浩樹通信員でさえ、「日本大使への言及など、前例がないこと。強く印象づけられた」と述懐していた。

マイクの警世の句

しかし、その後の講演では、もっと衝撃的な発言が待っていた。

今までにはなかったような強い物言いで、マイクが大きく警鐘を鳴らしたのだ。

彼は、まず、こう述べた。

「かつてないほど多くの豪州国民が、外国によるスパイ活動や干渉工作の脅威にさらされている。現下の状況は、敵対国の情報機関によるスパイ活動と、ASIOによる調査活動や外国機関の企てを阻止するための取り組みとが、ぶつかり合う肉弾戦（hand-to-hand combat）の様相を呈している。ASIOは冷戦期、9・11テロ後をしのいで、七四年の歴史の中で最も多忙な状況にある」

これ自体が、聴衆、そして、テレビカメラの向こう側にいる豪州国民の耳目を刺激する発言だったことは間違いない。しかし、もっと大きな驚愕の発言があったのだ。

「大国によるスパイ活動と外国による干渉工作は、ＡＳＩＯにとって最大の懸案である。スパイ活動や外国の干渉工作の脅威を甘く見ている企業幹部や政府高官がおり、これを懸念している。財界人、学者、官僚の中には、自分（マイク・バージェス）に対して、ＡＳＩＯは他国の政権を不快にさせるのを避けるため、取り組みを緩める（ease up）べきだと忠告してきた者もいた。しかしながら、スパイ行為や外国による干渉工作は豪州の民主主義、主権、価値を損ねるために意図的に計算されたものであることを今一度良く理解すべきである」

スパイ取締機関の長とはいえ、ここまで強い言葉で、かつ、公の場で警告を発したことは前代未聞だろう。言及された「財界人、学者、官僚」の中には、赤面した人々が少なからずいたであろうことは想像に難くない。

同時に、私は、このタイミングでのこの発言自体も、日本大使館への形を変えたエールではないかと思いながら、全身の神経を集中させて聞き耳を立てていた。

すなわち、一時は豪州に対し、まなじりを決して経済的威圧に訴え、途方もないプレッシャーをかけ続けてきた中国。豪州でアルバニージー労働党政権が発足したことを契機に、戦狼外交に表面的な化粧を施し、微笑外交を展開し始めてきた。それにつれ、「喉元過ぎれば熱さ忘れる」とばかりに、今までの中国の強圧姿勢を等閑視し、今後の豪中関係の改善に不用意に期待値を高める勢力が豪州政治の前面に出始めてきたのである。

そして、こうした勢力が、かたやスパイ取締機関には「取り締まりを緩めよ」と言い、かたや中国に対する注意と警戒感の維持を説く日本大使に対しては「黙れ」と言ってきたという構図である。

マイク・バージェス長官と私が直面している勢力が同じものであることは間違いなかった。だが、マイクと私が、このような「干渉」や「横槍」に妨げられることなく、それぞれの持ち場で取り組みを続けていく堅い覚悟を有している人間であることも、間違いなかった。

AUKUSの進展

商業的・経済的利益を念頭に置いた対中配慮から言論空間が狭まりがちな豪州にあって、これとは反対のベクトルとして強く作用するのが安全保障・国防上の要請である。

保守連合政権のスコット・モリソン首相（当時）が推し進めたのがAUKUS、米英との協力を通じた原子力推進潜水艦の建造である。日本では、AUKUSというと、サイバー対策やAI、量子力学、超音速兵器もカバーした、大きな拡がりがある戦略技術協力の枠組みと捉えられがちだ。だが、そもそものAUKUS発足の経緯、そして豪州政府の最大の関心事が、豪州による潜水艦の更新、すなわち通常動力推進型潜水艦から原子力推進型潜水艦（以下、「原潜」）への一大転換にあることを忘れてはならない。ここがAUKUSの一丁目一番地なのだ。

豪州の国防・安全保障関係者にとっては、原潜の購入は夢だった。巨大な大陸であり島国でもある豪州。南シナ海のような戦略的要衝へ迅速に駆けつけるだけでなく、自国の広大な海域をカバーするにあたって、スピード、水中での持久性、静粛性、ミサイル投射能力等に勝る高性能の原潜が垂涎の的であったことは容易に想像がつく。しかし、原潜の技術は高度の軍事技術の中でも「秘」中の「秘」であることも事実。米国関係者のガードが実に堅く、「最も親密な同盟国」（米国人有力シンクタンカーの言）である豪州への技術移転にさえ応じる機運はなかったと言われる。

そこを切り崩したのがモリソン政権だった。内情に通じた関係者が打ち明けてくれたところでは、「モリソンがトランプと握ったところで、ペンタゴンや米海軍にひっくり返されることは火を見るよりも明らか。だから、事務レベルで粘り強く働きかけた」とのことだった。

その先導役となったのがアンドリュー・シアラー国家情報庁長官ら、米国と深い関係を有するインテリジェンス当局者であり、また粘り強く枠組みを作り上げたのがグレッグ・モリアティ国防次官などの国防当局者であったと報じられている。むろん、中国の軍事力の急速な増大と攻撃的な対外姿勢が米国の政策転換を後押しした面があることは間違いないだろう。

ハワードやアボットのような自由党出身の元首相がしばしば言うことであるが、モリソン政権の最大の功績は、「第一にAUKUSの設立、第二に中国の経済的威圧に負けなかったこと」と評される理由が理解できるだろう。

労働党政権の対応

二〇二二年五月末の保守連合から労働党への政権交代を受けて注目されたのが、AUKUSの行方だった。当初はモリソン、バイデン、ジョンソンの三人の首脳によって華々しく打ち出されたAUKUSだが、実際にどのようなプロセスを経て豪州が原潜を獲得するのかは、その後の調整にゆだねられていたからである。

しばしば外交交渉では、「悪魔は細部に宿る」と言われる。原則で合意したところで、具体的細部で交渉がもめる、或いは原則がないがしろにされることは、世の常でもあるからだ。

ことに、新しく発足したアルバニージー政権は、労働党の中でも「左の左」と評される政治的立ち位置。もともと、米国の安全保障戦略に巻き込まれることに対して最も強い抵抗感を有している有権者層を代弁する立場にあると見られてきたからである。

しかるに、アルバニージー政権は、AUKUSを「モリソンの産物」として廃棄することはしなかった。「中国は変わった」と公の場で何度も言明し、新たな戦略的環境に豪州が適応するためにAUKUSが必要であるとの論陣を張ったのである。長年、豪州政治を観察してきたような数々の論者に言わせれば、AUKUSは保守連合、労働党という政治的立場を越え、超党派の支持を得たイニシアティブとして歴史的な意義をもったということになる。

アルバニージーの下で具体的な調整を統括したのが、副首相兼国防大臣のリチャード・マールズだった。ハンサムで弁舌爽やかな将来を嘱望された若手政治家だ。日本との安全保障協力の重要性をひときわ認識しており、日本大使公邸の天ぷらカウンターで彼の熱い気持ちをじっくりと聞けたことも、良い思い出だ。

そのマールズによるアメリカ、イギリス両国との調整を経てAUKUSの具体的段取りが発表されたのが二〇二三年三月十三日。アルバニージー首相が米国カリフォルニアのサンディエゴに飛び、そこでバイデン米国大統領、スナク英国首相と三人揃って共同発表に臨んだのである。

第一段階で米英両国の原潜による豪州寄港を開始、第二段階で米国のバージニア型原潜を豪州が三隻、最大五隻まで購入。第三段階で英国の設計によって、米国の戦闘システムを備えたAUKUS潜水艦を建造していくという段取りが発表された。多くの識者から、米、英双方とのバランスをとった絶妙のものと高く評価された。

キーティング元首相による口撃

このアレンジの発表に激しく噛みついたのが、労働党の重鎮で、一九九〇年代に首相を務めたポール・キーティングだった。在任中の経済政策の成功から今なお労働党関係者の間で尊敬を集め、七九歳になった今も意気軒昂に言論活動を展開する「ご意見番」。いつにも増して、キーティングの舌鋒は鋭さを増した。

アルバニージー首相を補佐するリチャード・マールズ副首相とペニー・ウォン外相の双方を「いちじるしく賢明でない」とこき下ろし、AUKUSの具体的プロセス発表を「最悪のディール」、「労働党政権で最大の失態」とまで述べた。労働党重鎮が、かつての同僚を口を極めて批判したのだった。

これに対するアルバニージーの反応は、冷静そのものだった。労働党を代表する政治家としてのキーティングの業績に言及しつつ、「キーティングと議論するつもりはない」として公開論争は避けながらも、このような発言によって「キーティングは自分自身を貶めた」とまで反論した。労働党内部の人間関係や力学の変化を観察するに当たって非常に興味深い展開だった。

AUKUSによって米国の安全保障戦略に巻き込まれ、豪州が主権を失い、中国との不要な戦争の片棒を担ぐこととなる、と強調し続けるキーティング。そうしたキーティングによる介入に当惑しながらも、こうした見方を「時代遅れ」として、現在の戦略環境に相応しい対応をとろうとしている現労働党執行部。

中国を睨んだ安保政策と経済政策との間の相違、労働党執行部と旧世代の対中国謝罪主義者（アポロジスト）、或いは何らかの事情で中国に取り込まれている人々との間の乖離など、一皮むくと豪州社会に厳然と存在している幾つもの断層が改めて表面に出てきたと言えよう。

中国が繰り広げる処理水ディスインフォメーション

ＡＵＫＵＳの創設、進展を受け、戦狼たちが手を拱いていたわけではない。

核兵器とは全く無縁の原子力推進型潜水艦（兵器は通常兵器）の導入にとどまるのに対して、中国は、「軍拡競争をあおるもの」、「核不拡散条約（ＮＰＴ）に反する」「放射能汚染の危険が高まる」といったディスインフォメーションを公の場と水面下の両方で続けている。

特に、彼らの働きかけの主たる対象は、東南アジア諸国と太平洋島嶼国であり、舞台としてウィーンの国際原子力機関（ＩＡＥＡ）をも活用している。

これに対して豪州は、ＡＵＫＵＳは原子力推進型潜水艦であり、「核兵器の導入ではない」「ＮＰＴ体制は堅持する」「安全性は保証されている」との説明を粘り強く行っている。米英だけでなく、日本もそうした豪州の説得努力を強く側面支援してきている。

インド太平洋地域諸国の「核アレルギー」「反核機運」を活用した中国のディスインフ

ォメーション・キャンペーンと軌を一にするのが、福島第一原発での処理水の海洋放出に対するディスインフォメーションだ。

安全性に万全に配慮した上での海洋放出を、あたかも太平洋地域の人命と環境を危険に曝すものとしてあおり続ける論調を作り上げようとしているのである。

幸い、一部の太平洋島嶼国とは異なり、豪州ではこうしたキャンペーンに踊らされる論者は僅少だ。少数党の緑の党（グリーンズ）の政治家が事態についての説明を求める書簡を日本大使に送ってきたことがあったが、政治家の間での関心も総じて低かった。

そうした豪州内の事情があったにせよ、手を拱いていると燎原《りょうげん》の火のように反対キャンペーンが広がることもあり得ること、そして、近隣の島嶼国の有識者が豪州の有力紙に目を通す機会も多いことから、豪州メディアを通じた適切な広報の機会を探ることとした。そして熟慮の末、東日本大震災十二周年の機会を捉え、復興努力の一環として処理水放出の必要性、安全性を訴えることとした。

媒体として目をつけたのは、オーストラリアン・ファイナンシャル・レビュー（AFR）紙。豪州きっての主要経済紙であり、政治的にはおおむね中道と見られている同紙を選んだのだ。むろん、このような主要紙に外国大使の寄稿記事が希望どおりのテーマと文面で掲載されることは極めて稀だ。

だが、ここでも日頃から培ってきた人脈が生きた。日本大使公邸での設宴や大使館主催行事に招待を重ねてきたこと、かつ、先方からのインタビュー依頼にはノーと言うことなく積極的に対応していたことが評価されたのだろう。日本大使館側からの寄稿依頼について、即座に快諾が得られた。

AFR紙への寄稿

寄稿に当たっては、いきなり正面からいわゆるALPS処理水の安全性を強調することは効果的ではないと判断した。震災十二周年という機会であるので、震災への対応に当たって豪州や太平洋島嶼国から受けてきた心温まる支援に言及して、まずは「絆」を想起してもらうこととした。その上で、ALPS処理水の放出は、震災からの復興という長期的課題の一環として不可欠なものと位置づけた。

その際、単に「安全、安全」とばかり強調して我田引水にならないよう、最善の注意を尽くした。太平洋での仏による核実験などを契機として反核感情が強い地域の現状に配慮しつつ、唯一の戦争被爆国として核や放射能の問題について日本ほど敏感な国はないというパンチラインも強調した。

そして、安全性については、日本政府だけの判断にとどまらないこと、具体的には国際原子力機関（IAEA）の検証活動に言及し、さらには第三者たる豪州の科学者が安全性を確認していることをも説明した。何よりも上から目線の説教と捉えられないよう、太平洋島嶼国との連帯と対話を重視する姿勢を前面に打ち出すこととした。

そして、この寄稿は三月十一―十二日付のAFR紙に掲載された。

豪州自体では大きな問題となっていなくても、問題となる前に手を打っておくという攻勢防御。そして、豪州メディアがインド太平洋地域や英語圏諸国の間で有する発信力・影響力に着目し、豪州メディアを通じて日本の立場と見解が地域に良く浸透するようにする。こうした観点からも、この寄稿は少なからず意義を持ったのではないかと受け止めている。

第11章　日豪和解と歴史カードの無力化

カウラ訪問

歴史戦の戦い方は工夫を要する。中国等の相手国が歴史問題を持ち出すたびに適時適切に反論するというのが日本外交の伝統的な対処方法だ。しかし、これでは「モグラ叩き」的対応に終始してしまうことも事実である。そこで、全体の構図を変えてモグラが住みにくい環境にする、すなわち、そもそも歴史カード自体を使いにくくし、極力無力化してしまうことも考えなければならない。

私にとってはカウラ訪問こそ、そうした問題意識に基づくものだった。

カウラは、キャンベラから北方へ約百九十キロ、車で二時間強の場所にある人口約一万人のニューサウスウェールズ州の小さな町。なだらかな丘が波のように連なる美しい牧草地に抱かれた平和で静かなところだ。カノーラの花が丘一面に黄色く咲き誇る春先の景色は、まさに絶景だ。

この長閑な田舎町が、近代史上最大の捕虜脱走事件と言われる「カウラ・ブレイクアウト」の舞台となった。一九四四年八月五日未明、カウラ捕虜収容所に収容されていた日本人捕虜が集団で脱走。衛兵による銃撃などで、日本人捕虜二百三十四名、豪州人衛兵四名が死亡、辛くも脱走した三百余名の日本兵も翌週には捕えられ、成功した者は一人もいなかったと伝えられている。

こうした悲劇の舞台となったことが大きく影響したのだろう。戦後一九六四年にはカウラ共同墓地の一角に「日本人戦没者之墓（日本人戦争墓地）」が開設され、第二次大戦中に亡くなられた日本人戦争捕虜と民間人抑留者の遺骨が豪州全土から収容された。その日本人戦争墓地が、今もカウラ市役所や関係者の尽力により非常に綺麗に維持されているのだ。

また、墓地の近隣には、一九七八年に造園家の中島健氏が設計し、カウラ日本庭園文化センター財団が維持管理する「カウラ日本庭園」がある。おそらく日本国外にあって最も美しい回遊式日本庭園だ。

こうした墓地と庭園を有するカウラでは、毎年五月には紅葉祭り、八月には慰霊祭、九月には桜祭りが開催されている。実は、私は着任前から中野不二男著『カウラの突撃ラッパ—零戦パイロットはなぜ死んだか』を始めとしたカウラ事件関係の本を読み進めるにつれ、豪州に着任したら間を置かずに訪れたいとの強い気持ちを抱いていた。

そこで、着任後、大使としての信任状奉呈前だったが、二〇二一年二月十五日にカウラを訪れることとした。そして、墓地を訪れて献花し、かつて日豪双方において貴重な人命が失われたことに対し、深く頭を垂れ、心より哀悼の意を表すこととした。

私のカウラ訪問はこれだけで終わらなかった。その後、在任中計九回もの多数にわたってカウラを訪れることとなった。自分でも分からない磁気のような何かが、カウラに引きつけて放さなかったのだ。日本庭園の岩に宿るとされた日本兵の魂かもしれないし、ユーカリの木々に宿るとされた豪州兵の霊かもしれないと思い返している。

こうした積極的姿勢はカウラ側関係者、なかんずくビル・ウエスト市長（当時）他に強い印象を残し、訪問のたびに温かく歓迎された。茶目っ気に富む市長は、講演などで私を紹介するたびに、「この大使は、豪州の総督に信任状を奉呈する前にカウラ市長に挨拶に来たのだ」と胸を張り、聴衆の笑いを誘っていた。こうしたカウラへの思い入れが関係者に届いたのか、カウラのロータリークラブから日本大使として初めて「カウラ平和賞」を授与される名誉にも浴した。

日豪間の和解の象徴・カウラ

振り返って分析してみると、カウラ訪問に私が拘った理由はいくつかある。むろん、遺族にさえ捕虜としての境遇を知られることなく散華した英霊に哀悼の意を表し、戦後の平和と繁栄を享受して来た世代として敬意と感謝を捧げる気持ちがあったことは当然である。畠中篤元駐豪大使が「日豪関係の聖地」と形容したカウラこそ、そのような慰霊にもっとも相応しい土地柄であった。

同時に、それだけにとどまらない理由もあった。すなわち、第二次大戦中にシンガポール、ガダルカナル、ニューギニア等で激しく干戈《かんか》を交えた日豪両国。連合軍の戦争捕虜に対する日本の過酷な待遇への反発もあり、戦後も長らく遺恨が残った関係。そうした難しいハードルを乗り越えて漸く達成された日豪間の和解がカウラにこそ体現されていると思えたからである。

実際、カウラに赴いた際に、豪州人から恨み節を聞かされたり、抗議を受けることなど、一切なかった。日豪双方の先人達によるたゆまない努力と時の経過により、確固とした和解が達成できている。それだけに、日本大使としてことあるたびに足を運び、英霊を弔うとともに、達成された和解と戦後の協力関係の重要性を各方面にアピールすることが重要と考えたのだ。

そして、こうした和解が日豪間では達成されていること自体が、豪州の地にあって戦狼たちを始めとする反日勢力が「歴史カード」を使用するような事態を抑止する、或いは、仮にカードが使われたところで豪州人一般がそれに靡かない強固な岩盤となると思料したのだ。

換言すれば、カウラは、モグラ叩きを越えた歴史問題への解決策を示してくれている。二〇二三年三月、初秋の抜けるような青空の下、在任中で最後のカウラ訪問の機会が訪れた。シドニー地域、ブルーマウンテンなどのロータリークラブの総会がカウラで開催されることとなり、そこでスピーチをするよう招かれたのだ。

カウラ事件の概要と背景を説明するにつれ、ナイフ、フォーク、野球バットだけを手にとって機関銃掃射に立ち向かった日本兵捕虜の心理がしばしば「狂信的」、「集団心理」と称されることに対して、私は敢えて異論を唱えた。戦後八〇年近くが経って日豪間の和解が達成され、お互いがアジアにおける最良の友人と相手国を尊重する時代が来たからこそ、相互理解を進めるべきだと考えたのだ。

日本本土の主要都市がいずこも空襲に曝され、食糧不足に悩み、敗色が濃厚となりつつあった一九四四年八月。「生きて虜囚の辱《はずかしめ》を受けず」との戦陣訓の教えを受けてきたにもかかわらず、陽光燦々と照り注ぐ豪州の長閑な田園地帯で、予想外に恵まれた待遇を受けた日本人捕虜。置かれた場所で祖国のためにできることをしなければならないとの強迫観念に囚われたとしても不思議ではない。マッカーサー元帥が唱道した「責務、名誉、国家」（duty, honor, country）というモットーは米国その他の連合国軍人だけのものではなく、日本軍人も共有していたであろう。これが私のメッセージだった。

数百名に及んだ高齢の聴衆の多くが、時に頷きながら関心を持って聞いてくれた。講演後に進んで私に握手を求めてきた有様に接するにつれ、日豪の関係が既に新たな局面に入っていることを改めて痛感した次第である。

旭日旗への誤解を解く広報活動

そんなオーストラリアであっても、歴史問題については、日本側の立場を理解させるためには根気強い働きかけが必要だ。

一例は、旭日旗に対する誤解だ。自衛隊と交流が深い豪州国防軍関係者はともかくとして、「軍国主義の象徴」といった一部反日勢力の言説（ナラティブ）に乗せられかねない人々がいることは否定できない。実際、シドニーの会社が世界各国Tシャツシリーズを展開し、日本をイメージして旭日旗の意匠を用いたTシャツを売ろうとしたところ、韓国系の顧客からの抗議を受けて販売中止になる事案まで発生していた。

そこで、日本大使館では、様々な機会を捉え、SNSを中心として、旭日旗に係る政策広報活動に努めようとした。外務本省においても同様の問題意識の下、日本社会における旭日旗の伝統と意義を紹介する政策広報動画を作成し、在外公館での活用を促してきた経緯もある。今も外務省のホームページ上に掲載されているが、武骨で杓子定規なものが多い政府広報の動画としては、なかなか良くできた代物だ。

大使館としては、この政策広報動画を活用する適切な機会を模索していた。「下手な鉄砲、数撃ちゃ当たる」式の広報では効果がない。むやみやたらにアピールするのではなく、最も効果的なタイミングを計っていたのだ。

そんな中で、二〇二一年九月、海上自衛隊艦船「かが」と「むらさめ」が補給のため豪州ダーウィン港に寄港し、豪州海軍がこれら艦船に対する送別と航海の無事を祈念する旨のツイートを行った。

今だ、と思った。そこで、大使館としても豪州海軍のツイートに答える形をとりつつ、私のツイッター・アカウントから、自衛隊の労をねぎらいつつ、護衛艦とその旭日旗の写真を掲載し、さらに旭日旗広報動画のリンクを付してツイートした。

反響は大きかった。普通の大使館ツイートでは、「いいね」は百前後のことが多いのだが、このときは、ただちに一千を上回った。

「かつて敵同士だった日豪が今や行動訓練を行うほどの深い信頼関係までに達していることを頼もしく思っている」など、前向きなコメントが相次いだ。

だが、その一方で、「旭日旗は過去の戦争を想起させるもの。旧日本軍による空襲のあったダーウィンに絡めて旭日旗を紹介するのは不適切である」などとの批判もあった。韓国メディアが批判していることを取り上げて問題を煽ろうとするかのような日本のスポーツ新聞もあった。

確かにダーウィン空爆は、豪州の国土に対する外国軍による唯一の攻撃としてしばしば語られてきた史実である。同時に、二〇一八年には当時の安倍晋三総理大臣がスコット・モリソン首相と連れだってダーウィンの戦没者慰霊碑に献花し、日豪和解の象徴的行事として豪州側関係者に強い印象と感銘を与えた場所でもある。当時、外務省経済局長として安倍総理のダーウィン訪問に同行した私は、感激した豪州側の反応を今も良く覚えている。安倍総理を迎えたモリソン首相が、二人そろって行った献花について、その後機会あるたびに感動した面持ちで語る場面にも接してきた。

そうした経緯があるからこそ、旭日旗をたなびかせた海上自衛隊艦船のダーウィン寄港は戦後の日豪関係の発展と成熟振りを示すものとして相応しい絵柄と考えたのだ。実際、私のSNS発信に対する批判的コメントのほとんどが豪州国内からではなく、日本、さらには韓国から寄せられてきた。このこと自体が、歴史問題の震源地のありかを如実に物語っているように思う。弾は後ろから飛んでくる。外交最前線で腐心する日本の外交官がしばしば目の当たりにする現実である。

自衛隊記念日レセプションでの広報を企画

このような展開を経験したからこそ、大使館では私の発案で一計を案じた。

それは、毎年行われている自衛隊記念日レセプションの機会を利用して、日の丸の掲揚にとどまらずに、陸海空の三自衛隊旗（実際の旗ではなく複製）の掲揚を行い、（陸上自衛隊旗、海上自衛艦旗である）旭日旗の使用を定着させていこうではないかというアイデアだった。

当初は、そこまでやるかといった感じが、自衛隊出身の大使館防衛駐在官や防衛省内局出身の参事官の間にあったと聞かされた。何のことはない、往々にして外務省以上に防衛省関係者の腰が引けているものだ。市ヶ谷にあって国内対策に追われてきた経験に呪縛されているせいかもしれない。四の五のと慎重論に終始し、アイデアの実施に明らかに足が重くなっているように見えたので、少し高圧電流を流すことにした。

大使室で議論した際に、こう言って背中を押すことにした。

「日本国の自衛隊の旗だろう。国を思う気持ちさえあれば、当然やろうということになるんじゃないだろうか」

これに対して、某館員はなぜか突如涙を流し、あっけにとられた列席の館員を前にして叫ぶように言い張った。

「自分にも国を思う気持ちがあります」

誰も愛国心の競演を求めていたわけではない。外務省への対抗心だけが先に立ったわけではなく、より高い次元、すなわち、現実に反日勢力が仕掛けてきている歴史戦への対応策として納得してくれたのだと信じたい。

私の発想は、こういうことだった。

三自衛隊のうち、陸上自衛隊の自衛隊旗（連隊旗）、海上自衛隊の自衛艦旗においては、旭日旗の意匠が用いられている。したがって、自衛隊記念日レセプションを奇貨として三自衛隊旗の掲揚を行うことを通じ、旭日旗の意匠が日本国内で長い間広く使用されてきたこと、自衛隊旗及び自衛艦旗も半世紀以上にわたり国際社会において広く受け入れられていることをしっかりと広報し、旭日旗の意匠に対する誤解を払拭していくことが必要かつ適切と考えたのである。

止めに入った外務次官

だが、この企画を、あたかも体を張らんばかりにして止めてきたのは、大使館の防衛省出身者ではなく、なんと当時の外務次官の森健良だった。

局長クラスまでは在豪州大使館の企画に正面から反対する者はいなかった。

だからこそ、部下を通じて本省の決断を督促した大使の私に対し、次官自身が直接電話をしてきて、こう言った。

「コロナ禍で多くの在外公館でレセプションができない状況下で、新たなことをやる段階にはない。これは大臣の意向でもある」

「自分が見るところ、日韓関係は微妙な状況にある。また、米国の反応も考慮に入れる必要がある」

何も日本のすべての在外公館で一律に三自衛隊旗を掲揚すべきなどと私が主張していた

わけではない。むしろ、日豪間の防衛・安全保障協力が飛躍的に進展し、自衛隊の役割の重要性が認知されている豪州だからこそ、三自衛隊旗の掲揚に異論があるはずもないとの判断だった。それに対し、こちらの提案対象をすべての在外公館に広げて一般化し、潰す手法をとったとしか思えない反応だった。実際に外務大臣にどのように説明し、大臣とどのようなやりとりをしたのか？　特に、どこまで全体像を説明した上で判断を仰いだのか？　このあたりはブラックボックスに入って、まったく不詳だった。

納得していない私との緊張したぎこちない会話の締めくくりに森はこう言った。

「大きな一石を投じてくれたのは間違いない」

何とも空虚に聞こえたものである。こんなことでは、戦狼外交に対する対応はおろか、旭日旗ひとつに関する広報まで、すべて後手で受け身に回ってしまうのは必至なのである。

戦狼外交に臨む日本人外交官の対応

中国に対する弱腰外交の象徴として外務省チャイナスクールの問題が取り沙汰されてきたが、かつて国内世論の厳しい批判と指弾にさらされてきたチャイナスクールも随分と変わってきた。

一九八九年の天安門事件の際だった。

中国の民主化を求めて北京の天安門広場に集まった大学生たちに人民解放軍が発砲する有様を、現場から大使館を通じて東京の外務本省に報告していたチャイナスクールの日本大使館員がいた。

未曾有の修羅場に居合わせて動転したのだろうか？「人民の味方である解放軍が学生に発砲しています」と嘆き、ついには泣きながら天安門広場から報告をしていたと聞かされた。

一九九五年夏、戦後五〇周年の機会だった。

かつての「植民地支配と侵略」を認め、「心からの謝罪と反省」を表明した総理大臣談話が当時の村山富市総理大臣名で発出された。

その背景には、チャイナスクール幹部たちの「謝らなければならない」との個人的信念に基づく根強い働きかけがあったと言われている。この点は、各種評論においても、夙に指摘されてきたところだ。

時を経ること二〇余年。経済成長を上回る国防費の増強を年々行い、尖閣諸島近海では国際常識を打ち破る挑発的行動を重ねてきていた中国。

それにもかかわらず、公の場での発言にとどまらずに西側諸国との政策協議においても、「中国を『脅威』と呼ぶべきではない。『懸念』に留めるべき」と省内で主張して回っていた中国課長もいた。

これらはいずれも、日中関係を重要だと信じ、それに捉われすぎるがゆえに、往々にして中国の立場を代弁しているように聞こえてしまうチャイナスクール関係者の言動に他ならない。今なお頭をもたげてくるときがある。これは日本外務省だけの問題ではなく、米、英、豪といった同志国でも目の当たりにしてきた。しかしながら、中国の台頭に伴って戦狼外交の時代を迎え、攻撃的で好戦的とも言える地金がしばしば露呈されてきた結果、表立って中国の行動を弁護するような言説は、さすがに影をひそめてきた。

日本外交が直面している肝心の問題は、このような戦狼外交にしっかりと対応する体制ができているとは到底言えないことである。旭日旗の対応でもそうであったように、ことはチャイナスクールだけの問題ではないのだ。

小心翼々

かつて総合外交政策局で政策企画・国際安全保障担当大使を務めていた頃、日本の安保法制の説明をすることとなり、在京中国大使館のナンバー2である次席公使を外務省に招致した。集団的自衛権の限定的な行使を可能とするような安保法制に対する警戒心を隠さず、「軍国主義の復活」、「アジアでの軍拡を招く」といった言辞を呈していた中国政府関係者が納得することなど到底有り得ないミッションだった。

その際、ふとしたきっかけから尖閣諸島の問題について議論が熱を帯びることとなった。「尖閣は中国の領土」などと先方が述べ始めたため、先方の議論の国際法上の論拠が如何に薄弱であるかを私としては強く指摘せざるを得ない展開となった。すると、法的議論で旗色の悪くなった先方が怒りを露わにしつつ、突如として会議室から退席したのだ。

シンクタンク出向時代を通じて中国側関係者との火花散るやりとりに慣れていた私にすれば、こんなものは序の口の喧嘩だった。もともと相手が納得することなどあり得ない安保法制の説明だ。この程度の中国側反発は織り込み済みだった。別に何かをまとめようとした協議ではなく、日本の政策・方針の説明に過ぎず、「交渉を壊した」と称されるような議論ではなかった。

ところが、この時に私を何よりも失望、幻滅させたのは、身内である筈の外務省同席者の極端なまでのうろたえ振りだった。アジア局や国家安全保障会議（ＮＳＣ）事務局の同席者は、大変なことが起きてしまったと見るからにオタオタした。のみならず、その「話し合い決裂」の一報を聞きつけた平松賢司総合外交政策局長（当時）は直接私を局長室に呼んで、「ああいうことはやってほしくなかった」との苦言を呈する始末。まさに、問題はチャイナスクールに限られないことを体現していたのだ。

しばしば公家組織と揶揄されてきた外務省。御殿女中が慌てふためいて右往左往する有様を想起させられた。こんな体たらくでは、碌な協議や交渉ができるわけがない、とひどく意気阻喪させられた。今でも、つい昨日のことのように覚えている。

「日本のウルフ・ウォリアー」？

第2章以降に詳述してきたとおり、豪州で大使として仕事をする上で最も切実で大きな課題は、中国の台頭が提起している種々の挑戦に対処するに当たって、日本と豪州の認識や足並みを極力合わせ、そうした営みを通じて日本の国益が損なわれるようなことが無いように努めることだった。

かつての豪州には、ハーメルンの笛吹きに幻惑されたかの如く、中国市場の圧倒的な規模と昇り竜の経済力になびいた面がある。そして、「アメリカは安全保障上のパートナーだが、中国は経済上の重要なパートナー」（ハワード政権）との立場をとったり、「中国を刺激したくないからクアッド（日米豪印）の枠組みには参加しない」（ラッド政権）といった対応をとった事実がある。こうした事態が繰り返されないよう、日本の立場を粘り強くインプットし、豪州の対中政策がゆめゆめ漂流するようなことが無いよう確保するのが日本大使の役目と心得ていた。

しかるに、日豪関係の外交最前線にあってこうした働きかけを率先して重ねる私に対して、外務本省の日々の反応は、総じて、積極的に支援するわけでもなければ、体を張って制止するわけでもなかった。

本省と在外が一体となってこそ初めて外交力を発揮できると信じる私としては、後ろから弾が飛んでこないよう必要最低限の配慮は欠かさないこととしていた。重要な講演原稿やインタビューでの応答ラインなど、本省任せにしないだけでなく、キャンベラで作成したものを事前に本省関係者と共有、摺り合わせをして不協和音が出ないように努めていた。文藝春秋（二〇二二年四月号）に「『戦狼』対策は豪州に学べ」というタイトルで小論を寄稿した際にも、事前に原稿を見せて次官に至るまで本省関係者の了解を得た経緯がある。

同時に、こうした過程を通じて今更ながら思い知ったのは、「そこまでするか」という対外発信に対する消極的で醒めた反応が本省関係者のみならず在外公館関係者の間にもしばしば看取されたことである。長年にわたって、リスクを負うことを回避し、国益実現のための知的議論を展開すべき時に臆病なほどに尻込みしてしまう性癖が組織全体に染みついていることを痛感した。

キャンベラでの任期を終える直前のことだった。中国問題で積極的に発信を重ねてきた日本大使の離任を巡って種々の憶測記事が豪州メディアに出た。その中で、東京の日本政府高官（匿名）が私のことを「ウルフ・ウォリアー（戦狼）」と呼んで暗に批判していると報じられた。

積極的に発信する身内の外交官を揶揄するかのようなコメントには、失望し呆れた。リスクを背負い、戦狼たちからの人格攻撃に遭いながらも冷静に日本の立場の説明、説得に日夜努めている同僚を戦狼外交官と同じレベルに位置付けるとは、失礼千万な話だった。大きな組織の中に安住し、匿名のカーテンの後ろに隠れている輩による卑怯極まるコメントでもあった。

だが、今の外務省の現状にかんがみ、「さもありなん」との感も免れなかった。こんなことだから、戦狼たちに差し込まれることとなるのだ。

このような状態では、戦狼たちとの闘いの相手になる訳がない。

相手は意図的に議論を仕掛けてきているのだ。

国防大学の劉明福はその著作（先述）の中で、習近平国家主席の二〇一六年十二月の中央政治局の重要会議での発言を引用している。

「イデオロギーの領域において、闘争が求められる問題が生じた場合、論争しないわけにはいかない。基本的な問題において誤った認識があれば、一言も論争をせずに回避しては絶対にならない。党中央の路線、方針、政策に公然と反対するような大問題については、闘争するのだ。批判だけではなく、状況に応じては粛清も必要で、党規律や組織に基づいた処理を下すことも考えられる。この点において、我々は曖昧な態度を取ってはならない。是非の問題について、中央政治局の同志たちは立場をしっかりと固め、態度を鮮明にし、果敢に攻防を繰り広げ、主導権を持って闘争に挑まなければならない。『自分には関係ない』という態度を取ることは許されない」

戦狼外交の担い手たちはこうした訓示を受けて外交最前線に出て来ているのだ。

「自分には関係ない」との態度をとりがちな日本の外務官僚や外交官の心構えとの落差に粛然とせざるを得ない。

第12章　惜別

「離任」をメッセージ発信に活用する

二〇二三年四月。帰朝発令を受けて、日本に戻る日が近づいていた。

中国の微笑外交に誘われて、早速フランスのマクロン大統領が訪中。「台湾紛争は自分たちの紛争ではない」などと公言、中国の露骨な圧力に曝されている台湾を見捨てるかの如き発言は大きな物議を醸した。識者の中には、マクロン訪中を「大失敗」と酷評する者もでてきた。

そんな中、豪州のアルバニージー首相も訪中するのではないかとの憶測が浮上。これに対して豪州政府の首相府は、「そうした動きはない」と応じたことが報じられた。同時に、年の後半には訪中するのではないかとの憶測も囁かれ始めた。

戦狼外交が化粧を施し、微笑を振り回すような展開を受け、明らかに風向きが変わりつつあったのだ。

そして、豪州産の大麦に対して課せられた中国による貿易制限措置について、中国政府がその見直しを行うことが報じられ、見直しを行っている間はＷＴＯ紛争解決制度の手続きを「中断」することについて豪中両国が合意したことが報じられた。

こうした豪中関係修復の動きを受けて、機を見るに敏な豪州各州の州首相の間には、相次いで中国詣での動きが出てきた。長らく中国に傾斜してきたことで知られるビクトリア州のアンドリュース州首相（労働党）は、プレスの同行を拒んで訪中。透明性に欠けるとして強い批判にさらされたものの、意に介することなく訪問を断行した。

これに続いて、西オーストラリア州のマクガワン州首相（労働党）も訪中。訪問先では、同州出身の自由党政治家の厳しい対中姿勢を中国人の前で批判し、物議を醸した。それだけでなく、「ナショナル・キャビネット」（豪州の連邦政府首相と各州の州首相との間の連絡・政策調整会議）をなんと中国で開催する提案にまで言及。この提案については、豪州を中国の属国に堕せしめる行為であるとして、豪州保守派から痛烈な批判を招いた。

二年四ヶ月の任期中、豪州と日本の対中認識に齟齬が生じないよう、より具体的には中国の圧力や甘言を受けた豪州が「腰折れ」しないよう支えていくのが日本の駐豪大使の役目と心がけてきた私だった。任期末を前にして、最後に改めてもう一度突っかい棒を打ち込んでおく必要性を痛感した。

そこで、二つの手段に出ることとした。

一つは、メディアとの離任インタビューの活用だ。

私の帰朝を知ったオーストラリアン紙編集長のポール・ケリー、オーストラリアン・ファイナンシャル・レビュー（AFR）紙外交担当記者のアンドリュー・ティレット、シドニー・モーニング・ヘラルド紙外交担当記者のマシュー・ノット、ガーディアン紙外交担当記者のダニエル・ハースト等、在任中に交流を重ねてきた主要紙記者からは離任インタビューの依頼が相次いだ。スカイテレビの人気アンカーであるピータ・クレドリン、SBSテレビのアンナ・ヘンダーソン支局長によるテレビ・インタビューも快諾することとした。

ここまで離任インタビュー依頼が相次ぐのも、最近の日本大使としては極めて稀なことだと聞かされた。だが、在任中のメディアとの人脈開拓、基本的にはすべての取材依頼に応じてきた蓄積の賜物であり、「発信」をする最後の重要な機会に恵まれた訳である。

もう一つの活用すべき手段は、離任挨拶・夕食会だった。

与党労働党との関係では、対日関係の重要性、就中《なかんずく》中国問題に対する日豪協力の重要性についての政権内での最大の理解者たるリチャード・マールズ副首相兼国防大臣への挨拶の機会は重要だった。

野党保守連合との関係では、離任前の最後の週の日本大使公邸での夕食会に駆けつけてくれることとなったトニー・アボット元首相、スコット・モリソン前首相、ピーター・ダットン野党党首（前国防相）、マリーズ・ペイン前外相、サイモン・バーミンガム影の外相（元貿易相）等のオールスターキャストとの機会は僥倖だった。

一大使の送別会に、元首相、外相クラスが続々と駆けつけてくれることは、異例中の異例だ。外交官にとって、これほどの名誉はなかった。在任中の日豪関係の幾何級数的な目覚ましい進展を象徴するものだった。また、ささやかながら地道に積み重ねてきた人脈構築の努力が報われたと思われた瞬間でもあった。

また、政権要路の官僚との関係では、アンドリュー・シアラー国家情報庁（ONI）長官、マイク・バージェス豪州治安情報機関（ASIO）長官等との夕食会は、心強いサポーターとの貴重な機会であり、発信の好タイミングだった。さらに、ジャン・アダムズ外務貿易省次官の発案で、グレッグ・モリアティ国防次官、アンドリュー・メトカフ農務次官等の関係省庁次官が集まって開催してくれた送別昼食会も、最後の「発信」の機会として欠かせなかった。

最後のメッセージ

これらのインタビューや送別会で欠かさず述べることとしたのが、中国問題について日豪が継続的に摺り合わせをしていくことの重要性だ。二〇一七年頃までの両国の対中認識に大きな開きがあったことへの反省を交えて強調した。

言わんとするところは、微笑外交にさらされた豪州が安易にガードを低くして、厳しい戦略環境に変わりが無い事実を等閑視することがないよう、釘を刺すことだった。微笑の対象が限定されており、豪州や欧州は別として、日本や米国には及んでいないことも明確に述べた。戦狼は引き続き徘徊しているのだ。

殊に、声高な批判を控えようとする余りに、中国問題を論じる上での「言論空間」が狭まりつつあることに警鐘を鳴らすことに努めた。先述のバージェス治安情報機関（ASIO）長官の問題意識と軌を一にするものでもあった。

この頃、本来は中道左派的なシドニー・モーニング・ヘラルド紙が、「レッド・アラート」と称して台湾海峡の深刻化する軍事情勢を詳述する特集記事を組んでいた。これに対して、キーティング元首相等の左翼論客が「危機を助長している」「過剰反応だ」として、特集記事に関わった中道左派のジャーナリストをさえ「反中」「タカ派」とレッテル貼りして痛罵するような現象も生じてきていた。日本大使に対してさえ、「中国問題について口を閉じるべし」などと余計な忠告をしてきた勢力に対する反応を示す必要もあった。

中国問題についての率直で的を射た指摘こそ、何世紀もの間、中国との間合いの取り方に腐心し、さらに、近年にあっては中国の台頭が提起する機会と挑戦に対して最前線で直面してきた日本の大使こそができる貢献であると考えた。畢竟《ひっきょう》、二年四ヶ月の任期を終える私の豪州への置き土産でもあり、遺言でもあった。

今後の日豪関係への期待

近年、「特別な戦略的パートナーシップ」と称されてきた日豪関係。価値と戦略的利益を共有するに至り、南シナ海、台湾海峡などの地域の戦略的問題について協働を深める関係にある。「準同盟国」などという表現で言い尽くせるものではなく、むしろ、実質上の同盟国といって過言ではない。

そうであるだけに、種々の問題、事象についての彼我の戦略的認識を恒常的に交換して、互いの認識の間にギャップやサプライズがないようにしていかなければならない。

その際の最大の課題が中国問題に対する対応であることは言を俟《ま》たない。繰り返すが、二〇二二年に発表された国家安全保障戦略に明記されたとおり、中国の攻撃的な外交姿勢と急激な軍拡こそが、日本にとって史上最大の戦略的挑戦を提起しているからである。

そうした認識に立って、駆け続けたキャンベラ生活だった。しかし、駐豪大使として離任しようが、この大きな課題に終わりはない。日本として対応に遺漏無きを期すべき長期的課題だからだ。

こうした問題意識と不断の努力こそ、日本の平和と繁栄を確保し続ける上で不可欠なものであるし、価値と戦略的利益を共有する豪州のような同志国と協力して、「自由で開かれたインド太平洋」を実現していく道筋であると信じてやまない。

嬉しい贈り物

離任直前の四月二十四日、日本大使公邸での最後の夕食会にはるばるシドニーから駆けつけてくれたオージーの一人が、トニー（アボット元首相）だった。その日の午後には、スカイテレビの人気アンカーであるピータ・クレドリン女史によるインタビューを私と二人で受けた。駐豪大使としての実績を「傑出している」(outstanding)、「輝かしい」

(stellar) とまで形容してくれたことに深く感謝した。

豪州を取り巻く安全保障上の課題について辛口の批評を厭わないと同時に、豪州人が最大の徳目とするメートシップを体現するような、心根が優しく温かい政治家だった。そうしたトニーの気配りは、テレビ・インタビューでの援護射撃にとどまらなかった。

夕食会の席上、心温まる言葉を贈ってくれたトニー。いつにも増して熱い口調で日豪関係の重要性を弁じていた。その挨拶の締めくくりに、「特別な贈り物がある」として贈呈してくれたのが、綺麗に包装された腕時計だった。

聞けば、キャンベラでの当日の送別夕食会に出席できなかったジョン・ハワード元首相(別途シドニーで離任挨拶をした)、スコット・モリソン前首相（二十六日に行われた別の夕食会に出席）とトニーとの三人の首相経験者による共同プレゼントだという。

到底予想さえしていなかった破格の贈り物だ。大いに驚き、強く心打たれた。

くだんの時計は、セイコーの「ユーカリ」モデル。アースカラーのグリーンと暖かみのあるゴールデンイエローが繊細に組み合わさったグラデーションのダイアル。豪州のユーカリの木からなる原生林を祝し、その色合いを余すところなく表現した時計だと言う。豪州だけでの限定販売という貴重な代物であり、在勤の記念として、これ以上の素晴らしい餞《はなむけ》はなかった。

だが、トニーの心づくしは、そこで終わらなかった。何と、時計のスティールバンドに、特注のメッセージを彫り込ませておいたと言うのだ。

「読んでごらん」とトニー。

呼びかけに応じて、メガネを外し、小さな文字を口に出して読み始めた。読み進んでいくにつれ、腰を抜かすほど驚いた。

「Three PM's tribute to Japan's greatest envoy, in gratitude for your courage and intellectual leadership.」

(三人の首相から日本の最も偉大なる大使への贈り物。貴使の勇気と知的リーダーシップに感謝しつつ)

と刻み込まれていたのだ。

確実に、生まれて最初で最後の名誉だと感じ入った。

この時計を腕にするたびに、ユーカリの木、そして豪州の地、そこの友人たちを思い起こすことだろう。そう心に刻み込むと、熱く胸に込み上げてくるものを抑えきれなかった。

そして、こうした友人たち、また、同じ方向を見て、汗をかいて一緒に頑張ってくれた大使館の日本人・豪州人職員、公邸料理人を始めとする大使公邸のスタッフたちの励ましと支援があったからこそ、一二〇パーセントの力で二年四ヶ月駆け抜けることができたと思うと、感慨が尽きることはなかった。

第13章　日本の外交官よ、ひるむな

戦狼外交に効果はあったのか？

増大した国力を背景に中国の利益と主張を前面に打ち出してきた戦狼外交。鄧小平、胡錦濤時代に堅持されてきた韜光養晦《とうこうようかい》とは一八〇度反対の展開である。自らの能力を誇示することなく、辞を低くして力を蓄え、有利な時が来るのを待つといった賢明な立ち回りと知恵は、そこにはない。

このような戦狼外交が、果たしていかなる効果と反応をもたらしたのだろうか？

私が勤務したオーストラリアの対中認識の変遷こそが、答えを提供してくれている。

歴史を遡れば、一九六〇年代から二〇〇〇年代初頭までの四〇年間の長きにわたり、豪州の最大の貿易相手国は日本だった。豪州から石炭、鉄鉱石、ガスといった資源エネルギーや小麦、牛肉、砂糖などの農産物を輸入し、日本から自動車や機械類を輸出するという、互いにないものを補い合う補完的な経済関係を築き、互いに裨益《ひえき》してきたのだ。

その日本が享受してきた豪州の最大の貿易パートナーとしての地位が中国に取って代わられた。そして、経済パートナーとしての中国の重要性は豪州の政財官各界の有力者の共通認識となった。

「これからは日本でなく中国だ」とまで言わんばかりの態度に接したことを、豪州フロントで汗をかいていた多くの日本人ビジネスマンは苦い思い出として覚えている。

ところが、戦狼外交はそうした潮の流れを活かす事が出来ず、却って逆効果をもたらしてしまった。こうした豪州における対中認識の悪化、世論の硬化は、政治の動向にも影響を与えることになる。二〇二二年五月に九年ぶりの政権交代が実現し、保守連合から労働党政権に代わった際、かつての豪州を知る多くの識者が対中認識の軟化、改善を予想した。

しかしながら、ことはそうした方向に一気呵成には進んでいない。豪州の政権交代を受け、中国側が明らかに戦狼外交から微笑外交にトーンを変えてきたにもかかわらず、だ。

「中国は変わってしまった」

二〇二二年五月の総選挙でモリソン前首相率いる保守連合に勝利し、新たに発足した労働党政権のアルバニージー首相の物言いである。

中国の要人が表面的には笑顔を浮かべてオリーブの枝を差し出して路線修正しようとも、根っこのところは変わらない。こうした印象を戦狼外交は与え、定着させてしまったと言えよう。

戦狼外交をどう評価すべきか

時に微笑外交の化粧をまといながらも、戦狼外交は中国外交の基調を設定し続けている。最高指導者たる習近平自らが二〇四九年までに米国を追い越すことを宣明してやまない中国であるだけに、この基調が当面変わることはないだろう。まさに、長期戦であり、マラソンである。したがって、その歴史的評価を下すには過早とも言える。

しかしながら、現在までの展開を冷徹に観察していて、いくつか指摘しておかなければいけないことがある。

第一に、戦狼外交は、国際情勢の展開を仔細に観察、検討して、中国の国益に資す外交方針、政策を打ち出したというような代物では全くないことだ。むしろ、識者が夙に指摘してきたとおり、中国には外交はなく、内政の延長しかないという好個の実例であるように受け止められる。

どういうことか？

為政者としての習近平が描いた未来予想図が「中国の夢」に他ならない。

習自らが演説で述べたとおり、「中国共産党成立百周年を迎える二〇二一年には全面的な小康社会（ややゆとりのある社会）を建設するという目標を実現し、新中国成立百周年を迎えるとき（二〇四九年）、富強・民主・文明・和諧的な社会主義現代国家を建設するという目標を実現することが、中華民族の偉大なる復興という夢につながる」

戦狼外交は外交政策と言うよりも、中国の夢の実現を目指す中での対外的な姿勢の表れと言うべきだろう。より具体的に言えば、二〇一〇年に国内総生産で日本を上回り世界第二位の経済大国となった中国は米国を追いかけ、そして追い越していく、軍事的にも世界一流の軍隊を実現し、米国と肩を並べていく、そうした中国はかつてのように西洋列強や大日本帝国に小突き回される存在ではなく、自らの利益、立場を力強く世界に訴え、国際社会をリードしていく、というものである。

ところが、果たしてこうした戦狼外交が中国の国益に沿っているかというのが、中国が直面している根本的な問題ではないだろうか？

中国の戦略的失敗

二〇一五年から二〇一七年まで、私は日本最大のシンクタンクである日本国際問題研究所に出向し、所長代行の任を務めた。米、英、豪、加、独、仏、インド、韓国、台湾等のシンクタンクと緊密に往来を重ねて連携し、中国の現状を分析し、将来の進路を占うのが大きな関心事であった。

むろん、どの国にも対中宥和派、敗北主義者はいるものだ。

そうした陣営の豪州での代表格がヒュー・ホワイト豪州国立大学名誉教授だった。ホワイトの議論は、要約すれば「豪州のようなミドルパワーが米中二超大国の争いに巻き込まれれば、何のメリットもない。アメリカは中国と本気で事を構えることはせず、やがてアジア太平洋地域から引いていく。いずれ同地域は中国が仕切るようになる。豪州はその中国と上手く関係を結んでいく必要がある」というものだった。

換言すれば、同盟国アメリカの豪州に対するコミットメントに対する不信感が根底にある。そして、従来のアメリカの圧倒的な力や立ち居振る舞いに対する心情的な反発が強すぎるが故に、中国が作り上げようとしている地域秩序、国際秩序に対する警戒心が決定的に欠如しているのだ。読者の中には、日本にもそういう輩がいるとシニカルに苦笑する方がいるかもしれない。

こうしたホワイト的な宥和派は引きも切らない。だが、私がシンクタンカー時代に興味を持ち、刮目してきたのは、中国の台頭がもたらす挑戦を正面から直視しつつ、危機意識を高めて抑止力を向上させ、危機対処能力を改善する必要性を力説する論者が、豪州においても説得力を増してきたことである。

まさに、不必要なまでに好戦的、攻撃的な中国の戦狼たちの言動がこうした事態をもたらしたと言えるのではなかろうか。その意味でも、戦狼外交自体が中国の「とてつもないオウンゴール」であり、国際社会全般の警戒感を高めてしまったのである。

中国は外交上手なのか？

このように見てくると、日頃、世上言われている「中国は外交上手」という命題を吟味してみる必要が痛感される。

確かに、中国には春秋戦国時代をはじめ、血で血を洗うような抗争と王朝の交代を重ねてきた歴史がある。また、ユーラシア大陸に連なる広大な国家であるために、外敵の侵略を受けやすかった環境も想起される。そのために歴代の王朝は常に漢民族が支配したわけではなく、モンゴル人、満州人などの他民族の支配に膝を屈し、艱難辛苦を重ねた複雑な歴史もある。戦国時代は兎も角として徳川幕府の樹立以降、二六〇余年にわたる太平を謳歌してきた島国日本とは事情も、置かれた環境も、根本的に異なる。

外国との折衝や外国人との付き合いに習熟していないが故に、「攘夷!」と息巻くかと思いきや、西洋崇拝が極まって鹿鳴館での舞踏会や洋行に明け暮れ、行きつく先はかつての敵国で占領軍の頭領たるマッカーサーを崇拝し、その離日を多くの同胞が涙して見送ったような呆れるほどの純朴、従順さとも無縁である。ドイツ人を四〇代の成人に喩え、占領下の日本人を一二歳の少年に喩えたようなマッカーサーをもってすれば、中国人は青年の扱いを受けたことは間違いないだろう。

問題は、このように歴史的に荒波に揉まれ、世故に長けてきた中華民族だと言っても、その彼らが切り盛りしている今の共産党体制が外交上手に直結しない点だ。戦狼外交はそのことを何よりも雄弁に物語っている。

シンクタンク関係者で議論するたびに出てくるのが「タラレバ」論だ。「中国が本当に外交上手であれば、韜光養晦をあと十〜二十年は続けていたろう。そうすればアメリカを始め西側はすっかり騙され、国際社会での主導権を中国が握ることとなっただろう」という議論である。

戦狼外交の顚末を見てくると、限りなく説得力を持つ議論でもある。
だが、中国は待てなかった。

我慢できなかった、と言った方が適切かもしれない。

その背景には、近現代の歴史がある。西欧列強の風下に立たされてきた中華民族が味わってきた屈辱感を払拭したいとの強い思いがあった。

そして、文明と歴史からくる大国としてのプライド。

さらに、米国に取って代わりたいとの愛憎半ばする渇望を抑えきれずに助長してしまったのが、「もはやアメリカは落ち目」との対米過小評価だろう。

これらの要素が相俟って、本来時代の流れを透徹した目でみるべき中国の戦略眼を曇らせてしまったのではないだろうか？　戦狼外交はその象徴に思えてくるのである。

だから、日本としては、別に悲観する必要は無い。オウンゴールを重ねる中国の反射的利益に浴したのは台湾に限られない。日本もその受益者であることは、前述の豪州ローウィー研究所の世論調査が何よりも明確に示している。

問題はむしろ、相手方たる中国がこれだけ大きなパラダイムシフトと呼ぶべき転換を遂げ、日中両国を取り巻く時代環境が変遷を遂げているにも拘らず、日本外交が十分に対応できているかという点なのだ。

日本の外交官にとっての教訓

本書では、駐豪大使の発令を受けてから離任までの期間にわたっての大使としての実体験、とりわけ戦狼外交への対応を中心として豪州外交の最前線でいかなるやり取りがあったかを仔細に振り返ってみた。任務を終えて帰国し改めて振り返ってみると、いくつかの教訓（レッスン）が浮かび上がってくる。

ここに共有しておきたい。

第一に、諍《いさか》いやバトルを恐れるな。

戦狼たちは、「主導権を持って闘争に挑まなければならない」（習近平）と最高指導者から説諭されて外交最前線に出て来ているのだ。ゴルフに興じ、ワインを堪能して豪州生活を謳歌しに来てはいない。ＡＵＫＵＳにせよ、福島の処理水にせよ、批判できる題材は全て利用しようという意識と行動が彼らを規定している。そうである以上、論争は必至なのだ。目の前の相手と一致点を見つけて握手するだけが外交ではない。居心地が悪かろうが、不愉快であろうが、喧嘩をしなければならない時が必ずある。その時に逡巡してはならないのだ。

日本外交の欠陥は、敵を作ることを極度に恐れる性向である。旗幟を鮮明にし、自らの立場を主張すれば、賛同する者もいれば反発する者も出てくる。これは人の世の常だ。すべての者を喜ばす外交などできない。こうした認識が決定的に不足している。これは外務省の問題を越えた日本社会全体の問題かもしれない。

第二に、味方を増やせ。

戦狼との闘いの舞台は、往々にして国際機関であり、豪州のような第三国だ。闘いの成否を決め、軍配を上げる審判は、戦狼でも我々でもなく、舞台の提供者たちだ。日本の外交官としては、これらの国際機関や第三国をできる限り味方につけておかなければならない。

だが、戦狼も動いている。豪州で見てきたとおり、彼らの主張の代弁者もいればサポーターもいる。そして根強い。

そこで何よりも大切なのが、日頃からの活動と働きかけだ。公邸での設宴を通じた人脈構築、任国メディアとの良好な関係の樹立、積極的な対外発信を通じた理解の促進、いずれも疎かにすることなどあってはならないのだ。こうした地道な努力の積み重ねがあってこそ、いざと言う時の勝負に強くなれる。安穏とウチに籠っている余裕などないのだ。

そして、戦狼が好んで使うカード（例：歴史カード）が効果を発揮することがないよう、平素から無力化しておくことも必要だ。

要は、リングに上がる時だけでなく、平素からの走り込み、スパーリング、環境整備が肝要なのだ。

第三に、技量を磨け。

戦狼との闘いのリングに引きずり上げられていきなり防御、いわんや攻撃ができるわけがない。

いつでも反論や攻勢防御に打って出る胆力はもちろん必須だ。だが、それだけでは勝てない。語学力、プレゼンテーション能力は一朝一夕では身に付かない。これこそ政治家ではなく職業外交官の出番だ。いつ何時自分が重大な講演をする、生放送のインタビューを受ける時が来るか分からないとの覚悟をもって、数十年にわたるキャリアの中で来る日も来る日も筋トレを重ねておかなければならない。

その過程では何度もパンチを食らい、鼻血も出すかもしれない。ダウンを喫するときもあるだろう。場数を踏んで悔しい思いをしてこそ、一対一の闘いに強い外交官としての成長があると強調しておきたい。

最後に、大きな絵を描け。

戦狼たちの弱みは、往々にして自国ファーストであり、相手の立場に立ったり、地域や世界のあるべき姿を語れないことだ。だから親近感を醸成できないし、ソフトパワーも備わらないのだ。

外交の現場では売られた喧嘩にはコレクトに応じなければならない。ただし、戦狼と同じリングに上がって吠え合うだけに終わってはならない。より高い立場に立って、国際社会の平和と繁栄に貢献する、人類が目指すべき理想を滔々と語る。そういう日本外交であって欲しいと切に思う。

その意味では、日本外交は民主主義や人権を声高に主張する事もさることながら、「法の支配」が価値として持つ重要性をもっとうまく国際社会に売り込んでいく必要がある。「法の支配」とは、その響きがイメージさせるような法律家的、官僚的概念ではないのだ。むしろ、「大小を問わず、どの国も平等に取り扱われるべき」、「弱者が強者に小突き回されるような国際社会であってはならない」と噛み砕いて訴えていけば、戦狼外交に対する最も有効な反論となるだろう。そして狼たちに振り回されてきた諸国から理解と支持が得られるであろう。

終わりに

この本は、二〇二〇年十二月末から二〇二三年四月末までの二年四ヶ月間、駐豪大使を務めた私の外交最前線での記録である。基本的には時系列に沿って記述することを心がけた。

近年の日本外交にあっては、他の多くの主要国と同様、キャンベラの大使ポストは「上がりポスト」とみなされてきた。すなわち、前任者達の殆どが、別の国で大使ポストを既に務め、駐豪大使を最後に外交官人生にピリオドを打つことが慣例的に積み重なってきていた。

外向的な性格と精力的な仕事ぶりで省内外に広く親しまれ、本省で二つの局長ポスト（情報調査局長、北米局長）を務め上げた上、一九九〇年代の半ばに駐豪大使となり、その後国連大使に転じたのが佐藤行雄大使だった。豪州社会にも確固とした足跡を残したこの名大使を最後に、その後約二〇年間、キャンベラに赴任する日本大使は、基本的には、他の国で大使ポストを経験したようなシニアな外交官がキャリアの終焉を迎えるケースが続いた。

もちろん、経験豊富で重みのある外交官が最後にキャンベラに着任する利点は、いくつもあげられよう。しかしながら、驚くべきことに、在留邦人や大使館の現地職員の間では、仕事よりもゴルフに執心し、シドニーでのゴルフ三昧に公務扱いで興じたり、キャンベラで週四日もゴルフに耽溺していた大使がいたという話が語り継がれている。さらには、執務室でプレイステーションをいじっていた大使までいたと言われるから、開いた口がふさがらない。

このように緩んだ体たらくは、大使だけにとどまらない。南半球での生活をのんびりと楽しみに来たとの姿勢は、他省庁からの出向者を含め、一部館員の間でも顕著だった。その中には、「外務省の仕事はしない」、「館内会議に出ない」などと口にして憚らない者もいたと聞かされた。

規律の弛緩と練度の低下、国家を背負う官僚としての意識の低下、狭隘な視野を語って余りある。大使館が国家の外交を担い、国民の税金で運営されている公器である以上、言語道断だ。怒髪天を衝く思いをされる納税者の方が多数おられるだろう。私もその一人だった。

このような背景があったせいだろうか、初めての大使ポストとしてキャンベラに赴任した若輩者は、受入れ側には、精力的で新進気鋭に映ったらしい。赴任当初から、豪州政府関係者や在留邦人社会の並々ならぬ期待と声援を身に沁みて感じた。そうした人々の温かい励ましがあったからこそ、一球入魂の全力投球を続けられたと思う。深く厚く感謝している。

この本では、そのあたりの様子を余さず記録に残すべく努めた。

その際、よくある官僚的にバランスをとった総花的な話は読者の興味に資さないであろうと考え、焦点を戦狼外交への対応に絞ることとした。この問題こそが、現下の日本外交が対処しなければならない喫緊の課題と考えているからだ。

まさに、攻撃的な対外姿勢と急速な軍事力の増大により、かつてないような大きな戦略的挑戦を投げかけている中国。これに対して、法の支配に基づく「自由で開かれたインド太平洋」というビジョンを実現するべく、インド太平洋地域の諸国の先頭に立って主導的役割を果たしてきている日本と豪州。

二〇二〇年代前半という時代状況。豪州キャンベラに駐箚《ちゅうさつ》した日本大使にとって、中国の台頭が提起する挑戦と機会に対して日豪両国が如何に歩調を合わせて対応していくかは、実に大きな難題だった。

外交が「アヒルの水かき」に喩えられて久しい。水面上を見ていると動きがないのだが、常に水面下で懸命に水かきをしているアヒルに喩えたものだ。言い得て妙だ。

同時に、大使の仕事は砂浜に字を書くようなものだ、との至言もある。戦争や革命という大きな波が来れば、跡形もなく消されてしまう宿命にある。それだけでなく、後任者の仕事のスタイルが違うといった次元の波によっても消されてしまう、との含意だという。

そうした意味では、この本は、外交最前線での「水かき」の実態についての理解を読者に深めていただくためのものでもある。また、砂浜に刻み込んだと私が考えた「字」は、いずれ消されてしまう運命にある。そこで、消えてしまう前に残しておきたかったとの思いもある。

時を経て、二〇二三年十一月。

アルバニージー首相は豪州の首相として七年ぶりに訪中し、中国との関係改善の意欲を内外に示した。豪州国内には、楽観論を戒める声がある一方、豪州産ワインに対して中国が賦課してきた高関税の見直し、中国当局に拘留されていた豪州人ジャーナリストの釈放といった、中国側が差し出した「成果」を前にして、前モリソン政権との対中アプローチの違いを高く評価する声も強まっている。

習近平との会談に臨んだ際のアルバニージーの嬉しそうな顔、習近平のそれよりもおおきな笑みが現政権の立ち位置を象徴しているように思えた。

このような展開自体が、日豪間の擦り合わせ、足並みを合わせていくことの重要性を何よりも雄弁に物語っているように私には思えるのだ。

昨今、「首脳外交」の到来が喧伝されてきた。しかし、そのような時代にあっても、職業外交官、なかんずく在外の大使にはこれだけの重要な職責、そして、やれることがあるということを具体的に可視化してお伝えできたのであれば、望外の幸せである。

また、この本を読んで、「自分だったら、こうする」、「自分の方が、もっとうまくやれる」という反応が各界の有為の方々から続々と湧き起ってくることを期待している。というのも、離職者が相次ぐ今の外務省の現状に照らし、高い士気を有し、不断の向上心と熱意を兼ね備えたサムライや撫子《なでしこ》こそが、日本外交の担い手となってくれることを切望してやまないからだ。根拠の不確かな肥大化したプライドに安住する受験秀才では、この激動の時代はとても乗り切れない。

近年、外務省の森健良前次官以下の事務当局は、若手職員の離職率の高まりに怯え危機感を高め、なんとか職員の歓心を確保すべく残業手当の拡充や海外出張の際のフライト・クラスの向上等に努めていることを全省員にアピールすることに暇《いとま》が無かった。こうした足下の勤務環境の改善が大切であることを否定するものではない。

しかし、戦狼外交に象徴される地殻的変動にさらされている現下の国際情勢を目の当たりにし、外交最前線で日夜悪戦苦闘している外交官にとっては、なんとも些末で矮小な話ではないだろうか？　事の本質を見誤っているとしか言いようがない。

遥かにもっと大きく深く重要なことは、外交官としての仕事のやり甲斐だ。やり甲斐をしっかりと組織内外で共有し、外部から大使として任用される方々、中途採用の職員、これからの日本外交を背負う若手を含め、志を高く引き上げて日本国の大事に臨んでいく。これこそが肝心だろう。

敢えてこの本を上梓した本当の動機は、そこにある。戦狼外交こそが、日本の外交官が取り組むべき課題を待ったなしで提示しているのだ。

「去る者は追わず、来る者は拒まず」

外交の魅力を説明したところで、そこにインスピレーションや魂のうずきを感じない人が転職することを止める手立てはない。しかしながら、日本外交の一番の担い手である外務省での仕事に関心と興味を感じる人材には、是非とも奮って門を叩いていただきたいと切望している。

また、「別に門を叩かずとも」と考えている方々には、日本外交が直面する大きな課題とそれへの対応を見守り、積極的に意見を提起していただきたい。そうした国民全体の建設的な批判と関与があってこそ、はじめて精強な外交が展開できるからだ。

人は石垣、人は城、人は堀。

こうした人材こそが、近年にかけて驚愕する程の士気の低下と組織の地盤沈下を招いてきた公器たる日本の外交当局を、これ以上の低迷から救ってくれることを期待、祈念しつつ、筆を置くことと致したい。

最後に、本書の出版は文藝春秋取締役の新谷学氏の長年にわたる励ましなしにはあり得なかった。綿密な編集の労をとっていただいた西本幸恒文春新書編集長と併せ、深甚なる感謝の意を表明したい。

二〇二三年末

山上 信吾

山上信吾（やまがみ しんご）

前駐オーストラリア特命全権大使。1961年東京都生まれ。東京大学法学部卒業後、1984年外務省入省。コロンビア大学大学院留学を経て、2000年在ジュネーブ国際機関日本政府代表部一等書記官、その後同参事官。北米二課長、条約課長を務めた後、07年茨城県警本部警務部長という異色の経歴を経て、09年には在英国日本国大使館政務担当公使。国際法局審議官、総合外交政策局審議官（政策企画・国際安全保障担当大使）、日本国際問題研究所所長代行を歴任。その後、17年国際情報統括官、18年経済局長、20年駐オーストラリア日本国特命全権大使に就任。23年末に退官し、外交評論活動を展開中。
著書に、駐豪大使時代の見聞をまとめた『南半球便り』（文藝春秋企画出版部）がある。

文春新書

1444

中国《ちゅうごく》「戦狼外交《せんろうがいこう》」と闘《たたか》う

2024年2月20日　第1刷発行

著　者　山上信吾
発行者　大松芳男
発行所　株式会社 文藝春秋
〒102-8008　東京都千代田区紀尾井町3-23
電話（03）3265-1211（代表）

印刷所　大日本印刷
製本所　大口製本

定価はカバーに表示してあります。
万一、落丁・乱丁の場合は小社製作部宛お送り下さい。
送料小社負担でお取替え致します。

ISBN978-4-16-661444-8

◆世界の国と歴史

歴史を活かす力　出口治明
世界一ポップな国際ニュースの授業　藤原帰一　石田衣良
三国志入門　宮城谷昌光
悲劇の世界遺産　井出　明
シルクロードとローマ帝国の興亡　井上文則
いまさら聞けないキリスト教のおバカ質問　橋爪大三郎
プーチンと習近平　独裁者のサイバー戦争　山田敏弘
ウクライナ戦争の200日　小泉　悠
大人の学参　まるわかり世界史　津野田興一
大人の学参　まるわかり近現代史　津野田興一
ウクライナ戦争はなぜ終わらないのか　高橋杉雄編著

◆政治の世界

民主主義とは何なのか　長谷川三千子
司馬遼太郎　リーダーの条件　半藤一利・磯田道史　鴨下信一他
自滅するアメリカ帝国　伊藤　貫
新しい国へ　安倍晋三
日本に絶望している人のための政治入門　三浦瑠麗
あなたに伝えたい政治の話　三浦瑠麗
政治を選ぶ力　橋下　徹　三浦瑠麗
日本の分断　三浦瑠麗
国のために死ねるか　伊藤祐靖
田中角栄　最後のインタビュー　佐藤　修
日本よ、完全自立を　石原慎太郎
内閣調査室秘録　岸　俊光編　志垣民郎
軍事と政治　日本の選択　細谷雄一編
兵器を買わされる日本　東京新聞社会部
県警VS暴力団　藪　正孝
地方議員は必要か　NHKスペシャル取材班

知事の真贋　片山善博
政治家の覚悟　菅　義偉
小林秀雄の政治学　中野剛志
枝野ビジョン　支え合う日本　枝野幸男
検証　安倍政権　アジア・パシフィック・イニシアティブ
安倍総理のスピーチ　谷口智彦
統一教会　何が問題なのか　文藝春秋編
シン・日本共産党宣言　松竹伸幸

◆日本の歴史

仏教の大東亜戦争　鵜飼秀徳
昭和天皇 最後の侍従日記　小林 忍＋共同通信取材班
令和を生きるための昭和史入門　保阪正康
内閣調査室秘録　岸 俊光編　志垣民郎
木戸幸一　川田 稔
「京都」の誕生　桃崎有一郎
皇国史観　片山杜秀
11人の考える日本人　片山杜秀
昭和史がわかるブックガイド　文春新書編
遊王 徳川家斉　岡崎守恭
大名左遷　岡崎守恭
東條英機　一ノ瀬俊也
信長 空白の百三十日　木下昌輝
感染症の日本史　磯田道史
徳川家康 弱者の戦略　磯田道史
平安朝の事件簿　繁田信一
小林秀雄の政治学　中野剛志
婆娑羅大名 佐々木道誉　寺田英視

経理から見た日本陸軍　本間正人
戦前昭和の猟奇事件　小池 新
インパールの戦い　笠井亮平
東京の謎《ミステリー》　門井慶喜
歴史・時代小説教室　安部龍太郎 門井慶喜 畠中 恵
お茶と権力　田中仙堂
明治日本はアメリカから何を学んだのか　小川原正道
歴史人口学で見た日本〈増補版〉　速水 融
小さな家の思想　長尾重武
日中百年戦争　城山英巳
極秘資料は語る 皇室財産　奥野修司
装飾古墳の謎　河野一隆

文春新書のロングセラー

磯田道史
徳川家康　弱者の戦略
人質、信長との同盟、信玄との対決……次々に襲う試練から家康は何を学んで天下を取ったのか──。第一人者が語り尽くす「学ぶ人家康」 1389

エマニュエル・トッド　大野　舞訳
第三次世界大戦はもう始まっている
ウクライナを武装化してロシアと戦う米国によって、この危機は「世界大戦化」している。各国の思惑と誤算から戦争の帰趨を考える 1367

樹木希林
一切なりゆき
樹木希林のことば
二〇一八年、惜しくも世を去った名女優が語り尽くした生と死、家族、女と男……。ユーモアと洞察に満ちた希林流生き方のエッセンス 1194

牧田善二
糖質中毒
痩せられない本当の理由
どうして人は太ってしまい、またなぜ痩せられないのか。それは脳が糖質に侵された中毒だから。そこから脱却する最終的方法を伝授！ 1349

堤　未果
ルポ　食が壊れる
私たちは何を食べさせられるのか？

人工肉からワクチンレタスまで、フードテックの裏側で何が起こっているのか？「食と農」の危機を暴き、未来への道筋を示す本 1385

文藝春秋刊